数字媒体艺术专业"立方书"系列教材

DIGITAL PRODUCT
OPERATION AND
PROMOTION

数字产品运营与推广

蒋小花 / 著

ZHEJIANG UNIVERSITY PRESS
浙江大学出版社

图书在版编目(CIP)数据

数字产品运营与推广 / 蒋小花著.—杭州：浙江
大学出版社，2018.12
ISBN 978-7-308-18840-1

Ⅰ.①数… Ⅱ.①蒋… Ⅲ.①数字技术—电子产品—
运营管理—教材 Ⅳ.①F764.6

中国版本图书馆 CIP 数据核字（2018）第 289957 号

数字产品运营与推广

蒋小花　著

责任编辑　吴昌雷
责任校样　於国娟
封面设计　北京春天
出版发行　浙江大学出版社
　　　　　　（杭州市天目山路 148 号　邮政编码 310007）
　　　　　　（网址：http://www.zjupress.com）
排　　版　杭州林智广告有限公司
印　　刷　杭州高腾印务有限公司
开　　本　787mm×1092mm　1/16
印　　张　9.75
字　　数　134 千
版 印 次　2018 年 12 月第 1 版　2018 年 12 月第 1 次印刷
书　　号　ISBN 978-7-308-18840-1
定　　价　39.00 元

序

2017年3月，数字创意产业三大重点方向被纳入《战略性新兴产业重点产品和服务指导目录（2016版）》，这是继2016年数字创意产业首次被纳入《"十三五"国家战略性新兴产业发展规划》之后获得的又一项重要政策支持，体现了国家在政策上对数字媒体艺术专业的高度肯定。数字媒体艺术是随着20世纪末数字技术与艺术设计相结合的趋势而形成的一个新的交叉学科和艺术创新领域。在移动互联时代，数字媒体艺术不仅作为审美观念的阐释，而且要与科技融合，关注人类的情感、行为以及对社会发展的贡献。面对5G、VR、人工智能、物联网、脑机接口、类脑科学等前沿科技的发展，数字媒体艺术将融入各行各业，融入人们生活的方方面面，成为建构人类未来社会的元素和媒介。

随着社会信息化的普及和文化创意产业的振兴，我国的数字媒体艺术教育得到了迅猛的发展。截至2018年，全国有超过200所高校开设了数字媒体艺术专业。但是，由于数字媒体艺术"跨界"的范围大、脉络复杂，而新兴媒体又层出不穷、日新月异，数字媒体艺术学科体系的界定以及专业核心课程的建设存在困难。面对这种现状，浙江大学出版社联合杭州电子科技大学数字媒体与艺术设计学院，共同推出了"数字媒体艺术专业'立方书'"系列教材。

该系列教材以培养创意创业型人才为目标，致力于为传统互联网产业（如BATJ等互联网公司）和新兴数字内容产业（如自媒体、直播平台、微视频平台）输送视觉设计类、交互设计类高级人才。整套系列教材在内容设计上注重互联网思维的养成，强调前沿技术的创新训练，同时着力培养学生的创造能力。系列教材突破了传统纸质教材的编制模式，融入了"互联网+教育+出版+服务"的理念，通过移动互联技术的运用，以嵌入二维码的纸质教材为载体，配套移动端应用软件，将教材、课堂、教学资源三者融合，营造教材即课堂、教材即教学服务、教材即教学场景的全立体教材形态，满足学生随时随地学习、交流与互动的需求。这套教材不仅是新时代的新形态教材，而且是数字媒体艺术专业特色的彰显，在我国高校数字媒体艺术专业的发展过程中，具有里程碑的意义。借此机会，我也期待着有更多高质量的数字媒体艺术教材呈现出来，提升我国数字媒体艺术专业教育的国际综合竞争力和共创中国数字创意产业美好的未来。

中国传媒大学校长、教授、博士生导师

前　言

随着以移动互联网、智能终端等为代表的新一代信息通信技术和产品加速创新，"互联网＋"应用领域不断拓展，消费带动和产业拉动效应显著，形成数字经济新生态。　数字经济加速推动技术进步、效率提升和组织变革，促进信息消费规模跨越式增长，形成以互联网为基础设施和创新要素的经济社会发展新形态，使我们的生活步入数字时代。　在数字时代，打着"数字"印记的产品丰富了我们的生活，数字产品成为人们生活中的重要组成部分。

本教材在撰写的过程中，将数字产品运营理论与实践相结合，操作性强。　本教材按照数字产品生产流程，以用户需求为核心，以数字产品设计定位为出发点，从数字产品定价到用户运营、内容运营、活动运营、网络推广来介绍数字产品运营各方面的知识。本教材的编写是希望给从事数字产品开发、设计和运营工作的相关人员一扇窗户，通过这扇窗户，相关人员可以了解数字产品运营工作中的各种问题，认识数字产品运营工作的职责，学会一些运营的技巧，掌握一些解读运营数据的方法，从而建立用户至上的数字产品运营理念。

本教材的编写除了个人的研究总结外，还借鉴了互联网行业从业人员的经验，在此表示感谢。　由于用户在变、环境在变，疏漏和不足之处在所难免，敬请从业专家和广大读者批评指正。　本教材适用于数字产品开发、设计和运营人员、在校大学生及互联网行业的创业者。

目 录

数字产品网络推广 /127

第一章 · 数字产品运营概述

本章引言

　　从事数字产品开发、设计和运营的相关人员，为了给用户提供满意的产品，需要了解产品运营推广的基本方式和手段。本章作为开篇，主要介绍数字产品运营推广过程中需要掌握的基础知识，为后面章节做铺垫。本章主要介绍数字产品的内涵、分类和特征，数字产品市场结构、数字产品市场的供给和需求特点，数字产品运营的内涵、核心任务和思维。

本章重点和难点：

　　数字产品的特征

　　数字产品市场的供给和需求特点

　　数字产品运营的核心任务

教学要求：

　　了解数字产品的相关概念，掌握数字产品的内涵、数字产品市场结构的特点和数字产品运营的内涵和核心内容。

· 本章微教学 ·

第一节　什么是数字产品

　　随着数字技术的普及,各种各样的数字产品层出不穷,给人们的生活带来了很大的变化。例如计算机软件、电子游戏、网络影音、在线新闻、电子杂志、天气预报、股市信息等,还有电子客票、网络货币、各种在线产品等,这些数字产品是数字经济时代的基本组成要素,更是如今人们生产生活中必不可少的一部分。

一、什么是数字产品

　　对于数字产品的定义,学者们的观点各不相同。20 世纪 90 年代,经济合作与发展组织首次提出数字经济的概念,并且就数字产品的定性提出"电子传输的数字产品销售应与一般有形的商品销售有所区别,以电子方式传输者应视为劳务的提供"的观点。Soon-Yong Choi(2000)将数字产品分成了信息和娱乐类产品,象征、符号和概念类产品,过程及服务类产品三种类型,提出所有可以在互联网上交易的产品或服务都可以成为数字产品。美国著名经济学家夏皮罗和瓦里安在《信息规则:网络经济的策略指导》一书中认为,数字产品(digital product)就是编成一段字节,包含数字化格式。可编码为二进制流的交换物,均可视为数字产品。

　　常见的相似概念还有信息产品和数字化产品,它们既有联系又有区别。信息产品就是基于信息的交换物。肯尼思·阿罗(Kenneth J. Arrow)提出,信息就是事前概率和事后概率之差。由此可以认为信息就是传递中的知识差。信息可以是有形的,也可以是无形的。数字产品可以认为是信息内容基于数字格式的交换物。一般地,信息产品与数字产品可以指同一类交换物,也可以指存在一定差异的交换物。例如,被数字化的书籍,既可称为信息产品,也可称为数字产品;但是纸张形式的书籍,只能称为信息产品,不能称为数字产品。

数字化产品的概念在使用时,有时是指经过了数字化处理的产品,有时是指可以处理数字产品的产品。所以,数字化产品可能是数字产品,也可能不是数字产品,如各种应用软件既是数字化产品也是数字产品,但数字化家电是数字化产品不是数字产品。信息产品、数字产品和数字化产品的关系如图 1-1 所示。

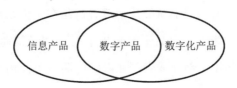

图 1-1 信息产品、数字产品和数字化产品的关系

数字产品不包括硬件设备。在众多的研究中,有人认为基于数字技术的电子产品,如数码相机、手机等属于"有形"的数字产品,但是更多的研究认为数字产品不包括硬件的电子产品。本文中的数字产品也是按照惯例限定于非有形硬件的范围。这样,从广义上说,数字产品是指任何可以被数字化(转换成二进制格式)的产品或服务,数字产品从产生、存贮、运输到最终消费,都是以数字化编码的形式存在于磁盘等存储介质和网络上的。数字产品最主要的特征就是数字。

基于以上分析,本文研究的数字产品是指基于数字格式,以互联网为平台,能通过电子方式运送的产品。从本质上说,任何可以被数字化,可用计算机进行处理和存储,通过网络来传输的产品都可归为数字产品。

二、数字产品的分类

不同的数字产品特性不同,企业找到数字产品的差异化,有助于更好地开发新的数字产品。例如,在线服务产品,因其具有的交互性,服务商可以推出按使用次数收费或时间段收费的定价方案;对股市行情分析,其"质量"是定价的一个重要评价指标。所以对数字产品进行分类,可以识别和把握产品的关键特性。

(一) 根据可测试性和粒度的分类

Kai Lung Hui 和 Patrick Y. K Chau 提出了一种基于数字产品的分类框架。这个框架基于产品类别和产品属性,产品的属性分成可测试性(trialability)、粒度(granularity)、可下载性(downloadability)等三个指标。这些指标是产品"生来"就有的,卖者不能轻易改变。

可测试性指的是一个新的技术或者产品在销售之前愿意做新的尝试的程度。有些数字产品不愿意被消费者和经销商测试使用,有的可以让顾客使用一部分或者可在限定的测试时间内使用。粒度指的是一个物体或活动特征的相对大小、比例或穿透深度。数字产品的粒度指数字产品的可分割性,它可以给经销商提供差别化服务的机会。可下载性指产品通过因特网从卖方到买方的传输机制。一般卖方有两种传输方法:一次性通过因特网下载传输整个产品,或重复地交互性地传递产品。两种方法的关键的区别在于数字产品是否可以被下载。软件和电子书籍等数字产品通常可下载。当产品下载时,产品的价值以相对清楚的方式传递给了消费者。相反,在线服务类产品在交易期间通常需要消费者和提供商之间的交互。因此,其功能或产品的价值是以交互的模式零碎地提供的。如表 1-1 所示,这个框架将数字产品分为三类,在线服务类产品、工具和实用产品、基于内容的数字产品。

表 1-1　基于 Hui 框架的数字产品分类

分类	可测试性	粒度	可下载性	代表性产品
1 在线服务类产品	中等	中等	低	在线翻译
2 工具和实用产品	高	低	高	杀毒软件
3 基于内容的数字产品	低	高	高	电子书

1. 在线服务类产品

这类产品主要是提供存取有用的网络资源的服务和利用在线资源协助用户完成特定的任务。如网络电话软件、在线翻译、在线搜索服务、电子政务、远程教育。有的在线服务产品有点像"工具和实用产品",两者的区别在于消费者无法实际"购买"在线服务产品,只能付费使用。这类产品的可测试性一般;传输模式是在线交互式,可下载性低;其粒度属于中等水平。

2. 工具和实用产品

这类产品都是用来帮助用户完成一定任务的。如 RealPlayer 可以收听在线广播和剪辑音频,Adobe Acrobat 用来建立和浏览 PDF 文件。这些产品辅助用户完成特定的目标或任务。一般商业软件、共享软件、免费软件等很容易通过网络下载,可以被归入这个类别。生产商对这类产品的控制能力最强,适合采用先试用后购买的方式销售,即其可测试性最强;其产品传输模式也是以网上下载为主;产品的粒度是最低的。

3. 基于内容的数字产品

这类产品的价值在于它的信息内容。如电子刊物、研究报告、各种数据库、在线的娱乐产品、各种视频等。这类产品的可测试性低,一旦被消费者试用,生产商就很难控制产品;可下载性体现在主要是以下载的方式来传输商品;其可分割的粒度大。

(二) 根据使用用途的性质的分类

1. 内容性产品

主要是与内容表达相关的数字产品,如新闻、书报刊、电影、电视和音乐等。

2. 交换工具

主要是用来代表某种契约的相关数字产品,如数字门票、数字理财产品等。

3. 数字过程和服务

被数字化的交互行为是一个数字过程。随着电脑、智能手机的普及,各种不同的经营者都把因特网作为数字过程和服务的平台来开展各种商务和产品推广活动。

(三)根据数字产品的比特流的分类

1. 信息和娱乐产品

如图像图形、音视频产品等。

2. 象征、符号和概念

如旅游、音乐会、体育竞赛的订票过程,电子货币、信用卡等财务工具。

3. 过程和服务

如政府服务、电子支付、网络课程和交互式服务等。

三、数字产品特征

(一)数字产品的物理特征

1. 不可破坏性

数字产品不同于有形消费品,一经产生,不会有使用寿命和使用频率的顾虑,尽管一些耐用品(如房子)的使用寿命也很长,但还是可以被用坏,数字产品质量是不会因为使用频繁而出现消耗破损的。

2. 可变性

数字产品一旦被消费者下载,生产者很难再控制内容的完整性。内容很容易被定制或随时被修改,生产商不能控制其产品的完整性。可变性的意义不在于保护内容完整,而在于要求生产商通过定制和升级等行为差别化生产产品。

3. 可复制性

数字产品可以方便地进行复制、存储和传输,企业在做了最初的投入后,生产的边际成本几乎可以忽略不计。一旦价格被确定,就可以计算达到收支平衡所需的最低销售额。

4. 传播速度快

该特征是虚拟的数字产品所特有的。数字产品通过互联网可以迅速进行交换和共享,具有非数字产品无法超越的速度优势。消费者在线搜索特定的数字产品,通过网络就能完成货款支付和产品交付。

(二) 数字产品的经济学特征

数字产品作为消费品的一种,也具有经济学的部分特征。

1. 依赖个人偏好

任何产品都是为了满足他人的需求而生产制造,并根据消费者个人爱好而变化。数字产品被消费的是其代表的思想和用处,因此,数字产品满足他人偏好、需求的功能则更显重要。

2. 特殊的成本结构

数字产品的成本不同于传统意义上的产品的成本,生产第一个产品的成本投入非常高,但后期成本却非常低。如摄制一部电影需要花费上亿元,研发一款游戏需要投入大量的人力物力。但是,一旦第一份产品成形,后面用于拷贝的成本就很低了。

3. 高附加值

数字产品的附加值指的是科技附加值。随着网络宽带和 4G 的普及,数字产品应用也趋于多元化。比如歌曲《最炫民族风》的彩铃,消费者在支付费用后,可以下载到自己的手机上。由于用户量大,服务商能有上万元的收入,这就是科技创新创造了歌曲本身之外的附加值,这种高附加值特性,除了能弥补生产商前期的成本外,还能让生产商获得更多的消费者剩余。

4. 时效性

一些在线游戏刚开始很受消费者欢迎,但很容易被更受欢迎的游戏替代,所以数字产品的更新换代比较快。另外,部分内容性产品如新闻、证券、股票信息、气象信息以及有时间限制的凭证和票据等,时效性很强,产品的价值依赖于时间。但过时过期的数字产品,甚至"消费过"的数字产品也是有价值的,可以归档用于长期分析。

5. 网络外部性

传统经济物以稀为贵,但数字产品恰好相反,同类产品越多,其价值越大。数字产品价值的体现并不完全取决于产品的性能,而是与用户的购买有关,销售数量越多,价值就越大,这就是数字产品的网络外部性。对于数字产品来说,由于网络外部性的缘故,稀缺的产品价值反而低。例如,在购买办公软件的时候,大多数人倾向于购买微软提供的 Office 办公软件,这是因为顾客更多地考虑到兼容性问题,以免出现与他人信息交流上的障碍。为了避免这种情况,用户往往会选择最流行、使用最广泛的产品。这就是网络外部性所引发的结果。在网络效应和正反馈机制的作用下,网络外部性造成强者更强、弱者更弱的竞争局面,即"赢者通吃"现象。

第二节　数字产品市场

一家企业要经营成功,主要依赖于对产品市场需求的了解,所以了解市场对企业的发展至关重要。

一、数字产品市场发展前景

因特网催生出一批新型的网络销售平台,如淘宝、京东商城、网易考拉等。比如戴尔计算机公司通过互联网销售产品,在网络预售环节,用户可以根据自己的喜好,自由选择电脑配置。由此,戴尔的销售业绩一路领先。从商业角度而言,网上商店的出现,带来销售模式的变革,是零售业继百货店、连锁商店、超市之后的第四次革命。由于数字产品的成本绝大部分是前期研发费用,所以最适合通过电子商务进行经营。同时,由于网上经营数字产品的边际成本很低,经营者容易进入,数字产品已成为网上市场的日用商品。

中国互联网络信息中心(CNNIC)发布的第 41 次《中国互联网络发展状况统计报告》显示,截至 2017 年 12 月,我国网民规模达 7.72 亿,互联网普及率达到 55.8%,超过全球平均水平(51.7%)4.1个百分点。我国网民规模继续保持平稳增长,互联网模式不断创新、线上线下服务融合加速以及公共服务线上化步伐加快,成为网民规模增长推动力。手机网民占比达 97.5%,移动网络促进"万物互联"发展,移动支付使用不断深入,网络用户规模持续高速增长,为数字产品的消费提供了便利和无限的发展前景。

二、数字产品市场结构

理论上,一般根据市场垄断程度划分为四种市场:完全竞争市场、垄断竞争市场、寡头垄断市场和完全垄断市场。完全竞争市场和完全垄断市场在数字产品市场中很难实现,因此对这两种市场不做分析。

垄断竞争的市场结构在数字产品的市场中是存在的。数字产品高固定成本与低边际成本的特性、产品技术的不相容性、正反馈机制的普遍作用和产品消费所产生的"锁定"现象等,决定了垄断在网络经济中的必然性。数字产品标准化要求高,往往只能容忍一种技术的存在,这就对先期进入或占有技术优势的强者提供优势,同时也增加了后来者的进入难度,从而助长了垄断趋势。但是,又由于信息市场的开放度较高,进退基本无障碍,竞争机制更易于发挥作用。因此,只要新产品符合消费者需求,有技术优势,就可抢占市场。

寡头垄断也是数字产品市场常见结构。在寡头垄断市场中,少数几家厂商向市场提供产品,因此具有一定程度的竞争。数字产品垄断性竞争市场往往存在的时间不长,较少的拥有技术和资本优势的大企业会控制整个行业,从而向寡头垄断转化。某种技术的垄断并不可怕,它不是竞争的最后结果,而是新一轮竞争的开始。在信息产业中,竞争—垄断—竞争不断循环,垄断地位的取得和失去将越来越快,从而实现数字产品的不断更新换代。

三、数字产品市场的供给方

传统经济学中,由于边际成本递增,供给曲线向右上方倾斜。但是,数字产品在边际成本几乎为零的情况下,产品的供给曲线会出现何种变化?由于数字产品边际成本几乎可以忽略不计,对产商来说,价格对其愿意提供的产品数量的影响十分有限,也就是哪怕产品售价很低,只要出售的数量足够多,厂商也能得到补偿。如果以供给量为自变量,价格为因变量,可以仿照传统经济学中的供给曲线推导出数字产品的供给曲线,如图1-2所示。由于数字产品市场中供应量(市场规模)对价格的影响作用,所以可归纳为:随着产量的增加,网络价格的售价越来越低。正如著名经济学家保罗·克鲁格曼所言:在网络经济中,供给曲线下滑而不是上扬。

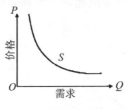

图1-2　数字产品供给曲线

四、数字产品市场的需求方

传统经济学中,需求曲线是向下倾斜的,反映了价格对需求数量的影响,消费者对商品的需求是随着价格的降低而增加的。传统产品的消费者一般倾向选择"更好"的产品,除非有特殊的偏好,否则很少选择某一固定的品牌。数字产品消费存在特殊性,消费者在基本可以满足其需要的范围内,不太可能轻易地转向其他的哪怕是更好的品牌,而是被锁定在某品牌的产品上,原因是存在高转移成本。如用户熟悉一个软件后就不会轻易改变,如果更换就需要花费时间和精力重新学习和熟悉新软件,而且还可能因为和原来的软硬件不兼容造成损失。经济学上把这一类成本叫作转移成本。如果消费者发现转移成本总是超过购买某个替代品产品所预想的收益的话,就会发生消费者锁定。这种消费特性使数字产品使用规模相对稳定。

同时,数字产品消费规模具有自我扩张性。一旦消费者认可了某种数字产品,加上其口碑好,产品的使用者就会越来越多。当产品的用户基数较大时,与该产品相配套的产品种类也会变多,消费者就会预期该产品的辅助产品会更多,随之该产品的用户也会更多,消费者获得的效用也更大。这样,该产品用户规模进入正反馈循环,呈现出自我扩张的趋势。

因此,在网络环境下,数字产品总的需求曲线在需求水平较低时向上倾斜,在需求水平较高时向下倾斜(见图1-3)。因为需求水平低、网络规模较小时,网络效应超过了价格效应。

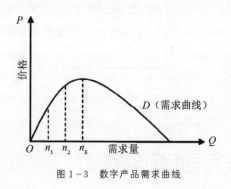

图1-3 数字产品需求曲线

当产品的销售量小于n_0时,用户支付意愿随总需求的上升而上升。一旦网络规模超过一定数量(临界值n_0),负的价格效应开始起支配作用,需求曲线变成向下倾斜的曲线。也就是说,当销售量一定时,用户的需求量随价格的下降而上升,这符合一般商品需求变动规律。

由于数字产品具有不可破坏的特性,这种产品一旦制造出来,就可以永远存在下去,而且无论使用时间多长,质量也不会下降。因此,对数字产品来说,分析其价格与数量之间的关系就没有意义,因为绝大多数消费者只可能购买一次。但这并不代表数字产品没有个人需求曲线。价格的变化虽然与数量无关,但却与需求强度有关,如将传统需求曲线中的需求量改为需求强度,同样可以绘出单一数字产品的个人需求曲线,如图1-4所示。只不过横轴的数量变成了需求强度。

由于网络外部性的作用,数字产品的需求曲线不能像传统市场那

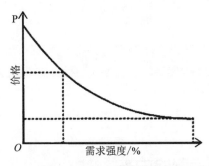

图 1-4 数字产品个人需求曲线

样由个人需求曲线简单叠加而得到。数字产品的价格是由数字产品的预期量所决定的,对整个市场而言,边际效用是递增的。因某个消费者的消费导致其他消费者效用的增加,抵消了该消费者的边际效用递减。因此,随着市场需求量的增加,市场上消费者愿意支付的价格也随之提高,导致数字产品的市场需求曲线是一条向右上方倾斜的曲线。但是由于消费者对某数字产品的需求是建立在对产品的预期规模的基础之上,在某数字产品的用户基数没有达到消费者认为能够产生边际效用递增的临界值之前,消费者是不愿意为更大的需求量支付更多的价格的。也就是说,在该产品的用户规模达到该临界值之前,消费者仍然认为是边际效用递减。因此,随着需求量的增多,市场的价格是递减的。如图 1-5 所示,Q^* 表示临界市场需求量。

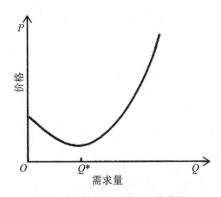

图 1-5 数字产品市场需求曲线

第三节　数字产品运营

一、产品运营的由来

在 21 世纪的数字媒体产业中,公司的盈利除了依靠技术人员以外,产品经理开始发挥越来越大的作用,产品运营开始进入人们的视野。如腾讯、百度、新浪、搜狐等以技术起家的公司,在网站的创始阶段,主要依赖于技术驱动,但只有技术人员的公司注定是无法长久的。享有盛名的贝尔实验室就因为业务萧条,最终成为房地产商收购的对象。在技术上领先的 IBM 到 1992 年净亏损 49.7 亿美元,大批员工被裁,公司处于破产倒闭的边缘。

我国改革开放之初,流行"搞导弹的不如卖茶叶蛋的",形象地说明先进的科学技术如果不能满足人们的物质文化生活需求,其商业价值就无法体现。但随着时代进步,网民数量快速增长,大部分原来只卖"茶叶蛋"的公司会死掉,并非因为他们做错了什么,而是因为他们没有顺应时代的变化,所以,公司仅有"煮好茶叶蛋"的技术人员是不行的,必须能"煮出新的茶叶蛋产品",需要结合其他相关知识,设计新的工艺流程,开发出符合新型市场的产品,从而获得商业上的成功。同样,有部分程序员开始研究用户,寻找新的产品发展方向,通过掌握产品从创意到上市的相关信息,根据自身的市场洞察力和商业敏感度,推出市场所需的产品。

过去,西方学者把与工厂联系在一起的有形产品的生产称为"production"或"manufacturing",而将提供服务的活动称为"operations"。现在的趋势是将两者均称为"运营"。"运营"的角色因行业不同而千差万别。一般来说,运营是对企业的实际情况进行深入分析,研究企业运作的每一过程,提出提高产品品质、降低企业成本的策略,加上合适的营销手段,为客户提供满意的产品,同时为企业带来收益。大多数企业认为,运营是对产品生产过程的计划、组织、实施和控制,是与产品生产和服务创造密切相关的各项管理工作的总称。

随着互联网产业日益成熟,数字产品实现量产非常方便,如何建立产品的壁垒就显得尤为重要。如我们熟悉的知乎,从产品技术上进行复制难度不大,但是,想要做成跟知乎具有同等影响力的平台,难度很大。此时,产品运营就逐渐被企业所重视。一个产品从创意、设计、制作到正式推出,对应的运营工作非常繁杂。从如何选择合适的搜索引擎、发布软文、编辑和审核内容,如何获取产品种子用户、维护核心用户,到如何进行有效的活动策划,总之,但凡有助于产品的用户数据增长、活跃度增加等的工作都与运营相关,都属于运营的范畴。另外,运营与产品的设计、生产和服务是紧密联系的,没有产品,就谈不上运营。产品运营贯穿产品整个生命周期,一切能够帮助产品进行推广、促进用户使用、提高用户认知的手段都是运营。

二、什么是数字产品运营

数字产品运营就是依托互联网平台的数字产品,以最低的预算、最优的路径、最高效的执行、最有效的手段吸引大批忠实用户,建立产品在市场上的竞争优势,并最终使产品在市场上取得成功的过程。

(一) 运营必须基于产品之上

一切运营策略和营销方案都是从产品出发的。运营的方法可以千变万化,但如果与产品脱离,即使方案再创新,也无法获得用户或者是提高已有用户的各种数据指标,就不能提升企业竞争力。

(二)最低的预算,最优的路径,最高效的执行

首先,以最低的预算获得用户。一般的企业在进行运营启动的时候,都会面临一个问题:预算少,经费不够。这意味着大部分公司无法通过大量市场投放来获得用户,必须靠创意或服务取胜,靠一个卖点或者事件形成病毒传播,从而获得大量的用户增长。

其次要不走弯路,选择最优路径。运营人员要及时、准确发现企业存在的问题,提出有效的方案来达到目标,提高用户的活跃度,并针对这些目标和问题,设计有针对性的推广方案。例如,现在企业多用二维码进行推广,二维码可以是网站地址,也可以是 App 下载地址,那么哪种转化率效果好?用户扫码后如果进入的是网站,那么会把其设置成常用网站的概率肯定不高,如果进入的是应用市场的下载页面,针对用户群体不同(苹果或安卓)还要设置两个二维码。一般用户不会留存网页,能马上下载的用户也非常少,离开后用户下载的量就更加可想而知,所以节点的路径就会相当重要。假定你能把流量直接导到用户常用的 App 上,比如在传单页中放置微信公众号的二维码,然后告诉用户关注后就能享受优惠,再提醒用户下载 App 或者注册网站,把流量导到最终想达到的目标中。

最后是高效的执行。每一个产品都有其最佳推广窗口期,一个优秀的运营人员,需要把握产品推广节点,需要结合产品定位,运用各种有效的手段,及时、高效地把产品推向目标市场,获得产品预期收益。

(三)运营的目的——吸引忠实的用户

在数字产品运营过程中,拥有一批忠实的用户非常重要。忠实的用户能给产品的推广带来很多帮助,他们可以成为新产品的测试员,也可以充当产品经理的角色,把使用过程中的信息反馈给企业,把产品分享给自己的朋友、社交媒体上的粉丝及关注者,他们哪怕只是每天登录网站,刷新网页,对企业来说也是一种鼓励及肯定。

在产品研发期,运营团队看似轻松,实际上有很多工作需要他们

去做。主要有产品立项前的市场调研和用户调研工作,产品在开发时的影响策略植入,内容、用户及推广工作,收集用户的反馈。

三、数字产品运营核心任务

根据产品类型的不同,运营的方式也不尽相同,数字产品运营主要分为五类:内容运营、用户运营、活动运营、移动运营、数据运营。但不管哪种运营,核心任务只有一个:让产品活得更好、更久。运营工作的核心任务主要在两个方面。

(一) 流量建设

通过各种推广、扩散、营销、活动,提升网站的流量指标,我们通常所说的页面浏览量(Page View,PV)、独立访客(Unique Visitor,UV)、注册转化、搜索引擎优化(Search Engine Optimization,SEO)都是属于流量建设。流量越大,累积到的价值用户就越多,可转化的基础用户量就越大,足够多的用户是企业能够长久生存下去的关键因素之一。

(二) 用户维系

经过多年的发展,用户的定义包含使用者(user)与会员(member)两种。只有用户,才能给产品带来价值,产生收益。所以用户维系就在于如何持续有效地推动用户的活跃与留存,并且从中发现高价值的新用户。

四、数字产品运营思维

(一) 互联网的商业模式

互联网新技术发展推动和催生了大量新的产品,快速改变了我们的行为和生活方式。互联网公司生产了新产品,并用新方法获取用户,将用户转化成收入,提高了商业模式的效率,改变了以往的商业模式,所以互联网是一种新的商业模式,见图1-6。

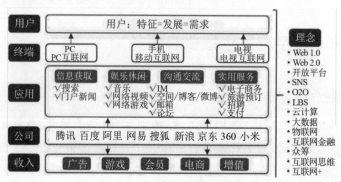

图1-6 互联网生态俯视图

从互联网生态俯视图可以看到,互联网是由用户、终端、应用、公司、收入和理念构成的生态。生态以互联网公司为主体,以用户思维为理念,通过产品满足用户需求和获取用户,获取大量用户后再转化用户价值获得收入。

(二)互联网思维:用户至上

从互联网诞生的那一天起,互联网思维就一直存在。最早提出互联网思维的是百度公司创始人李彦宏。在百度的一个活动上,李彦宏首次提到"互联网思维"这个词。

互联网思维,就是在(移动)互联网＋、大数据、云计算等科技不断发展的背景下,对市场、用户、产品、企业价值链甚至整个商业生态进行重新审视的思考方式。这里的互联网,不单指桌面互联网或者移动互联网,而是泛互联网,因为未来的网络形态一定是跨越各种终端设备的,台式机、笔记本、平板、手机、手表、眼镜等等。网状结构的互联网,没有中心节点,不是层级结构,虽然不同的点有不同的权重,但没有一个点是绝对的中心点。企业的连接越广、连接越厚,价值就越大,这决定了互联网内在的精神是去中心化,是开放、平等。互联网商业模式是建立在平等、开放基础之上的,互联网思维体现着平等、开放的特征。平等、开放意味着民主,意味着人性化。从这个意义上讲,互联网经济是真正的以人为本的经济,互联网思维的精髓就是用户至上。

在产品方面,雷军提出专注、极致、快;在运营方面,小米做到用户参与、培养粉丝、社会化网络传播与电商销售。无论从产品方面还是从运营方面看,雷军和他的小米最终想做到的就是"用户口碑",所以互联网思维就是用户至上思维,见图1-7。

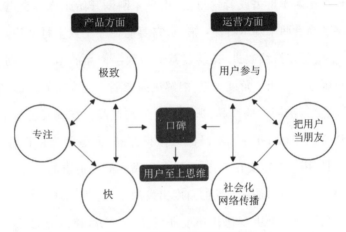

图1-7 案例:小米互联网思维

IPTV遥控器和小米遥控器,体现了工业思维与互联网思维的差别。这两种思维的不同之处在于:工业思维更多从设计者出发,体现更多的是技术和功能;而互联网思维则是从用户角度出发,追求用户使用的方便和体验,见图1-8。

图1-8 工业思维 VS 互联网思维

（三）数字产品运营思维

产品的好与坏，不是开发者、设计者说了算，真正有权利评价产品的是用户。传统的经济关系里只有两个概念，一个是商家，一个是客户。客户是谁？谁买了我的东西，谁向我付钱，谁就是我的客户。但在互联网时代，用户是使用你产品和服务的人，他们未必向你付费。你把东西卖出去或者送出去，用户才刚刚开始跟你打交道。好的数字产品有两个基本特性：第一，它要能在一个点上打动用户；第二，它一定是在持续改进、持续经营的。数字产品的本质就是服务，为用户服务。从用户角度来看，能解决问题的产品才是好产品；能方便、快速地解决问题的产品，那就是一流的产品。在现实生活中，你最后选择一个数字产品，不是因为做得漂亮，而是因为做得特别简单，特别好用。功能实在不花哨，是我们做产品要追求的目标。所有成功的数字产品都是从人性的角度出发的。

互联网是一个更新迭代速度非常快的地方，速度是最重要的。我们应当追求"小、快、美"，通过快速迭代的方式，追求产品的极致。当你做一款新的数字产品，或者开发一个新的领域时，你首先要问自己有没有找到用户的那个需求点，这个产品对用户是"可以有"，还是"必须有"。这就是强需求和弱需求。所以，在互联网时代，数字产品制胜的关键是"产品为王，用户至上"。

思考题

1. 数字产品特殊性给产品运营推广带来的影响。

2. 数字产品分类对产品定价和运营的意义。

3. 数字产品市场对运营推广的意义。

·第二章·
数字产品定位

本章引言

　　数字产品从业人员在产品的开发、设计和运营推广过程中，都需要了解产品定位。本章从数字产品设计定位和数字产品市场定位两个角度介绍数字产品定位。数字产品设计定位要避免同质化，要用一句话清晰地描述产品定位。掌握产品定位的三要素。掌握数字产品市场定位中定位的原则、步骤、方法和策略。

本章重点和难点：

　　数字产品设计定位

　　数字产品市场定位方法

教学要求：

　　了解数字产品设计定位的重要性和数字产品市场定位的原则、方法和策略。掌握数字产品设计定位的三要素和定位的步骤。

·本章微教学·

第一节　数字产品设计定位

　　数字产品和传统工业产品一样,产品设计的核心是用户需求驱动,产品设计也要在分析用户需求的基础上明确产品定位,要根据不同用户的需求,更好地满足用户,而不是让客户适应数字产品。企业通过发现、分析数字产品用户需求,明确产品定位,为数字产品运营做好准备。

一、产品设计定位重要性

　　定位理论,由美国著名营销专家艾·里斯(Al Ries)与杰克·特劳特(Jack Trout)在1972年提出。里斯和特劳特认为,定位要从一个产品开始。这个产品可能是一种商品、一项服务、一个机构甚至是一个人,也许就是你自己。但是,定位不是你对产品要做的事。定位是你对预期客户要做的事。换句话说,你要在预期客户的头脑里给产品定位,确保产品在预期客户头脑里占据一个真正有价值的地位。产品定位主要是确定产品在用户心中的位置和形象,给产品找一个舒适的位置。有些产品一投入市场就遭遇失败,有些产品的价值始终不能得到用户的认可,其根本原因是产品的设计定位出现偏差。所谓的产品设计定位就是从消费者角度出发,以满足目标顾客群的独特需求为目的,并在同类产品中建立具有比较优势的设计策略。

　　产品设计的目的是让企业产品能满足客户的心理需求,这部分在使用功能以外的心理需求就是产品的附加值所在。现在国内的产品设计大多强调产品的性能,更多地从营销者角度出发,较少考虑消费者的消费体验,在以“自我利益”意识作为产品设计理念时,消费者的需求就不能得到很好的满足,这最终会导致产品进军市场失败。

二、产品设计定位：清晰描述你的产品

随着生活中的数字产品越来越多，产品之间的差异也越来越小，同质性越来越高，市场竞争愈来愈激烈。要想让新产品保持竞争力，在新产品设计工作开展之前，必须要投入大量精力，对消费者进行充分分析，准确找到产品设计定位。产品定位主要从产品和用户两方面考虑：从产品的角度要研究产品特色是什么，产品准备解决用户何种需求；从用户的角度要研究产品服务的用户特征，为用户画像。这些都需要在产品设计前调查清楚。

每一种产品都有其特定的服务对象，产品的生产者不要设想自己的产品能满足所有的用户，这是不可能的。只有聚焦特定消费者，才能达到预期销售目标。因而，企业一般都会把目标市场细分，选择符合企业能力且有发展前景的市场作为产品的目标市场。产品设计定位就是使产品实现区隔，用简洁的图案、语言，清晰地向用户介绍自己的产品，避免设计定位同质化，从而建立某种比较优势。

案例：亿唐网——定位不清，快速烧钱

1999 年，第一次互联网泡沫破灭的前夕，刚刚获得哈佛商学院 MBA 学位的唐海松创建了亿唐公司，其"梦幻团队"由 5 个哈佛 MBA 和两个芝加哥大学 MBA 组成。2000 年，北京街头出现了大大小小"今天你是否亿唐"的亿唐广告牌。亿唐想做一个针对中国年轻人的包罗万象的互联网门户。他们把中国年轻人定义为"明黄一代"。凭借诱人的创业方案和精英团队，亿唐从两家著名美国风险投资机构 DFJ、Sevin Rosen 手中拿到两期共 5000 万美元左右的融资。亿唐网一夜之间横空出世，迅速在各大高校攻城略地，在全国范围快速"烧钱"：除了在北京、广州、深圳三地建立分公司外，亿唐还广招人手，并在各地进行规模浩大的宣传造势活动。2000 年年底，互联网的寒冬突如其来，亿唐的钱烧光了大半，却仍然无法盈利。此后的

转型也一直没有取得成功,2008 年的亿唐公司只剩下空壳,昔日的"梦幻团队"在公司烧光钱后也纷纷选择出走。2009 年 5 月,etang.com 域名由于无续费被公开竞拍,最终的竞投人以 3.5 万美元的价格投得。

亿唐失败的最大原因就是缺乏清晰的定位,多方面尝试,频繁转型,造成用户印象不明确,没有沉下心帮用户解决实际的问题,而是幻想凭钱就可以砸出一个互联网集团来。

案例:微信的定位分析

微信是腾讯公司于 2011 年 1 月 21 日推出的一款通过网络快速发送语音、视频、图片和文字,支持多人群聊的移动客户端聊天软件,倡导的是移动互联的生活方式。用户可以通过手机或平板电脑快速发送语音、视频、图片和文字。微信提供公众平台、朋友圈、消息推送等功能,用户可以通过"摇一摇""搜索号码""附近的人"或扫描二维码等方式添加好友和关注公众平台,可以将内容快速分享给好友。其官方网站上的宣传语为"微信,是一个生活方式"。

微信看上去和 QQ 有很多功能重叠,但是随着移动生活方式更广泛的渗透,两者差异越来越明显,微信更适合移动互联网的特点,所以微信取得了成功。

在交友方式上,QQ 是基于好友关系和群组的聊天工具,以 QQ 号为标识,主要用于熟人关系和共同协作的小组中。微信的通讯录除了基于 QQ 联系人、手机通讯录,还增加了"附近的人"和"摇一摇"等方法。

在基本功能方面,微信充分发掘移动生活的特点,加入了更适合移动方式的功能。二维码扫描功能利用移动终端设备特点,方便快捷,同时利于微信号的推广;摇一摇交友功能使有缘分和共同需求的双方更容易发起会话;漂流瓶功能满足了用户的倾诉需求和好奇心理。朋友圈分享功能方便用户在碎片时间随手拍摄、记录生活。这些细节都表现出微信的产品设计者对移动互联网生活细节的观察和用户心理的深入把握。而 QQ 的功能基本上就是聊天功能,或者加上空间的社交分享功能。当下,作为移动互联网新入口的微信,正在引领着移动生活的新方式。

三、数字产品设计定位三要素

产品设计定位的过程就是产品设想阶段,产品定位完成(见图 2-1),再进行需求分析,然后正式进入产品设计环节。

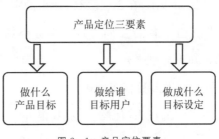

图 2-1 产品定位要素

1. 做什么——明确产品核心目标

做什么主要是让用户清晰地知道产品能满足哪些方面的需求,明白产品对用户的价值。简单地说,就是说明产品的核心目标。产品目标分析越透彻,产品核心目标就越准确。对产品目标的描述要简洁明了,不要长篇大论。如阿里巴巴要让天下没有难做的生意,360 安全卫士解决用户使用电脑的安全问题。

2. 做给谁——明确目标用户

做给谁是要说明产品服务的用户群体,确定目标用户。目标用户定位一般按照年龄、收入、学历、地区几个维度进行。如网络对战类游戏对象主要是青少年,而棋牌类游戏对象主要是中老年人。阿迪达斯通过以 impossible is nothing 为主题的广告,邀请众多明星,如贝克汉姆、梅西、鹿晗、嘻哈歌手 Pharrell Williams,形成明星效应,成为体育用品的第一品牌,而广告语"没有什么是不可能的",正符合青年一代的心态。目标用户设定包括主观设定和客观确定。主观设定是根据产品设计者的经验和想法,确定产品服务的目标群体,再根据目标用户的特征与需求确定产品定位。客观确定是先有一个产品大致想法后,再通过用户需求调查分析,最后确定目标用户群体。

3. 做成什么——明确产品发展目标

做成什么是对产品未来发展目标的具体描述。企业在确定产品目标时,首先要有一个规划,大致确定产品参照物,可以避免产品发展的大方向出错。另外,互联网产品变化快,更新快,产品发展目标的设置周期要短。比如知乎,在创立之初,知乎的定位是互联网行业问答社区。它选择了互联网行业问答这一细分市场,不断扩大后逐步成为今天的综合知识分享平台。

案例:酷6网——发展目标不明确

作为视频网站当年的三杰(优酷、土豆和酷6)之一,酷6网风风火火仅一年,便掉队了。陈天桥希望酷6的发展方向是"视频资讯新闻",而李善友则更希望坚持购买正版版权的"大片模式",两人最终不欢而散。创始人李善友离职,亏损逐年变大,最后只能血腥大裁员后再转型。陈天桥派驻酷6的新CEO施瑜公开表示:"酷6从此不再购买长视频版权,包括电影和电视剧等,将关注于社区化、用户生成内容(UGC)和短视频。"视频行业一向以"烧钱"著称,盛大在酷6已经投入了将近两亿美元,却颗粒未收。管理方与创始人理念不同,企业就不会有正确的方向和预期的结果。

四、产品设计定位步骤

(一)分析竞争产品比较优势是定位的良好起点

当今市场,竞争无处不在。你刚刚有一个创意,网上一搜,发现别人已经把你的创意变成产品。所以,一个新产品要取得成功,不仅需要了解消费者的需求,还必须了解竞争对手的情况,找出自身的优势和不足。要知道市场上你的产品有哪些竞争对手,对每个竞争对手要做全方位的深入了解。了解竞争对手不仅是产品设计的切入口,还可以让你在设计中扬长避短,为企业提供一些决策依据。

(二)找出差异性,对市场进行细分

在市场上,不同的消费者购买习惯和需求各不相同。市场细分就是企业根据自己的条件,按照消费者需求特征,找出差异,将整体市场划分成若干个消费者群体,把有相同需求和欲望的消费者群体划为同一细分市场。通过市场细分,企业可以设计出符合该细分市场特点的产品,从而满足细分市场中不同消费者的需求。例如,面向儿童的电子读物,产品的设计应该色彩明快,充满童趣;面向老年人的电子读物,页面设计要简洁,功能要简单易操作。

案例:陌陌的差别定位法

陌陌作为一款社交产品,与微信的区别是,其是一款基于陌生人,以地理位置为核心的交友应用。从用户群到用户需求,与微信的熟人社交发展目标不同,陌陌有自己独特的价值。所以,从一开始,就要对竞争对手的产品进行分析,根据用户需求,确定产品定位。

(三)列出主要目标市场,确定目标消费者

市场细分只是勾勒出市场的轮廓,提供产品面临的各种机会。如何评价细分市场的各种机会,需要根据产品能够满足的市场进行优先顺序排列,找出主要目标市场。产品设计者根据主要目标市场的消费群体,确定最终的消费者。

(四)确定新产品的设计定位

当企业经过前期竞品分析、确定细分市场、明确自身的竞争优势和目标消费群体后,需要把企业自身的优势与消费者的需求相结合,这个结合点,就是新产品的设计定位,这样的定位能抓住消费者的眼球,对消费者具有真实吸引力。

案例：小红唇

以美妆短视频 UGC 起家的小红唇于 2015 年 4 月上线，创始人姜志熹则成功开启了女性经济的"潘多拉魔盒"。围绕社区、短视频和网红，姜志熹将小红唇打造成日活跃用户超 50 万的美妆一站式服务平台。到 2016 年 2 月，小红唇用户下载量已突破 1000 万，并完成了天使 A、B 轮的融资，一路发展顺风顺水，成为投资界共同看好的宠儿。截至 2017 年 2 月，注册用户超 2000 万，日活跃用户超过 60 万，聚集了 2000 多个美妆时尚达人，社区内短视频数量达到了百万级，公司估值近 20 亿元人民币。在互联网时代，用户是基础，流量是王道。小红唇对新生代客户心理需求和消费方式的深刻认识和精准把握决定了其未来可能会出现爆发式增长。

第二节 数字产品市场定位

一、什么是市场定位

市场定位（marketing positioning），也称作"营销定位"，是指企业根据竞争者现有产品在市场上所处的位置，结合顾客对该类产品某些特征或属性的重视程度，为本企业产品塑造与众不同的形象，从而找到该产品在市场上适当的位置。市场定位的目的是通过注重对市场的分析使企业提供的产品具有一定特色，能适应一定顾客的需要和偏好。产品市场定位必须使自身产品跟竞争产品不同，这样才能保持目标市场的最大战略优势。简而言之，就是在目标客户心目中树立产品独特的形象。

科特勒认为市场定位就是公司设计出自己的产品和形象，从而在目标顾客中确定与众不同的价值地位。"与众不同"是产品与竞争产品有明显的差异，有独特的个性；"有价值"指为了达到定位的有效性，产品与目标顾客的需求相吻合。所以定位不仅要考虑产品差异，还要考虑市场的需求。数字产品在设计过程中也要注意市场定位。

二、数字产品市场定位原则

（一）多角度多因素相均衡原则

只有对企业和市场环境进行多维度、多侧面考虑分析得出的市场定位才会对数字产品设计开发具有现实意义。相反，没有经过市场调查，凭开发者主观确定的市场定位会将数字产品开发导入误区。

因此,数字产品的市场定位不但要关注企业的技术、资金状况、市场供求等直接的因素,还要重视企业的创新意识、理念、管理方式、经验积累等相对间接的因素;不但要考虑产品最终使用者接受程度、产品市场形象等,还要从成本、时间、风险等角度进行考虑。均衡原则不是简单的平衡,因此在均衡的过程中,要识别和充分发挥企业的优势因素,突出和强化数字产品特色。

(二)市场定位与产品开发多环节决策相联系原则

数字产品开发是一项具有高度探索性和高风险性的活动。将市场定位引入数字产品开发,根本目的在于将产品开发各环节的决策联系起来,开发的产品尽可能满足市场要求。数字产品开发活动不同于一般产品,决策不停留在某一个环节。不仅要求在最初阶段对市场信息进行充分了解,还要求整个开发活动都要与外部环境进行不断沟通。这样才能保证产品开发的各个阶段和环节的决策的连续性,确保产品开发过程始终围绕形成特定产品特色展开。

(三)市场定位动态优化的原则

数字产品的市场定位会根据某个时期市场状况和企业经营需要的变化而不断变化。数字产品市场的变动因素多,企业之间的竞争更为激烈,企业经营策略的选择和制定更强调时效性,因而产品市场定位必须根据营销环境的变化及时加以调整。市场定位动态优化就是前后相互关联的定位策略在与企业经营发展互动中逐渐调整、稳定的过程。市场定位的动态优化有利于企业充分利用各类资源,避免开发中不利的因素,在变化的环境中形成新产品特色,从而提高产品开发的成功率。

三、数字产品市场定位步骤

市场定位的关键是企业要努力找到自己产品的发展优势,要全力打造产品特色。因此,企业市场定位一般包含以下步骤:

（一）识别潜在竞争优势

消费者选择产品的时候通常会考虑选择能给自己带来最大价值的产品。因此，企业产品提供的价值必须要比竞争者提供的多，更多地解决用户需求，才能留住用户，让用户购买。通常采用两种方法，一种是制定比竞争者低的价格，另一种是提供更多的价值。企业的市场定位就是向目标市场提供优越的产品价值，从而赢得竞争优势。

企业的设计、开发、运营、推广人员要通过市场调研，系统地分析竞争对手的产品定位、目标市场的用户需求、竞争者的市场定位和潜在用户的利益要求等，从而确定自己产品的潜在竞争优势。

（二）核心竞争优势定位

核心竞争优势指的是企业具备应对外部竞争、能够胜过竞争对手的能力。这种能力既可以是企业原来拥有的，也可以是企业潜在的竞争优势。实际上核心竞争优势定位就是企业与竞争对手在各方面全方位进行比较的过程。一般来说，先整理出双方企业在产品设计、技术开发、生产、管理、市场运营、资金和盈利模式等方面的优势和劣势，然后选出最适合本企业的优势项目。企业的市场定位不能过低，也不能过高，过低、过高都不能给购买者传递公司的正面形象。同时，企业还要避免定位混乱，如果给购买者提供一个混乱的企业形象，那么，势必影响企业的竞争力。

（三）战略制定

市场定位确定后，企业必须制定战略，采取切实步骤，把市场定位准确地传达给目标消费者。企业首先需要策划一系列的宣传活动，使目标顾客了解、熟悉、认同本企业的市场定位，让潜在顾客了解企业新产品，并留下深刻印象。其次企业要通过不断强化、加深与目标顾客的感情来维系企业形象。最后，企业应时时关注目标顾客对企业市场定位的理解，一旦出现误解、偏差，要及时加以纠正。

四、数字产品市场定位方法

市场定位与企业产品形象息息相关。企业在进行市场定位时，要通过反复调研，找出最佳突破口。一般来说，有以下几种策略：

(一) 创新定位

乔布斯认为"创新是无极限的，有限的是想象力"。创新是在现有的思维模式上提出有别于常规或不同于常人思路的见解。创新定位就是要寻找没有被其他企业占领但有发展潜力的市场，填补市场上的空缺，生产出特色的产品。创新定位适用于市场中并无同类或相似产品、没有竞争者的情况。产品属于创新型产品，存在大量消费需求，只须找准产品定位、找准市场位置即可赢得高额利润。如乔布斯的苹果公司，2007 年 iPhone 问世，通过在 iPhone 上安装强大的电脑运行系统和少量的小型应用程序而一举成名，引领了全球资讯科技和电子产品的潮流，开启了苹果公司的辉煌时代。这种定位方式，企业前期一般投入较多，要分析创新定位所需的产品在技术上、经济上是否可行，用户需求、市场容量如何，盈利的空间等情况。

(二) 迎头定位

迎头定位是指企业根据自身的实力，不惜与市场上占支配地位的、实力最强或较强的竞争对手发生正面竞争，而使自己的产品进入与对手相同的市场位置。其优点是由于竞争过程非常激烈，甚至产生所谓轰动效应，所以可以较快地为消费者或用户所了解，容易树立市场形象；缺点是具有较大的风险。

(三) 避强定位

避强定位策略是指企业将自己的产品定位在另一个区域，使自己的产品区别于竞争对手，避免与实力强的其他企业发生正面竞争。这一策略的关键在于找准竞争者遗留的市场空位以及正确处理质量与价格的关系。优点是企业在市场上可以尽快地站稳脚跟,在用户中树立形象,风险小。缺点是企业往往要放弃最佳的市场位置,而处于较差的市场位置,盈利能力受到影响。

案例：木鸟短租

共享经济风潮的兴起,给行业带来众多的创业机遇。比如旅游出行住宿的预订平台——木鸟短租,就是其中的创业佼佼者。

受到国外短租公司 Airbnb 的融资启发,黄越在 2012 年 5 月创立木鸟短租。由一个沙发开始,慢慢积累房源。经过近四年的发展,目前木鸟短租已经在全国 396 个城市开通了服务,拥有 30 万套房源。到目前为止木鸟短租已经完成了两轮融资,创业团队也从当初的二十几人,发展到现在的百人规模。随着互联网及移动互联网的快速发展,闲置资产被盘活。木鸟短租正是看中了短租市场空间,站在了风口上,将公司打造成了短租界的四大品牌之一。

（四）重新定位

重新定位是企业为了实施更有效的定位,采取以退为进的策略。有些企业是一开始定位就不准确,进入市场后产品遇冷,需要重新定位,寻求发展。有些企业是开始定位得当,但市场环境发生变化,如多位竞争者进入同一领域,市场被分割,或消费者或用户的偏好发生变化,就要考虑重新定位。

五、数字产品市场定位策略

（一）企业必须具备对市场定位的前瞻性

只有达到市场定位的预设,才能使企业在市场上占据一定的重要位置,为产品的知名度和发展铺平道路。只有具有超前的眼光,成功进行市场定位,才能树立鲜明的企业形象,使企业占据同行业的先驱位置,稳定企业的市场实力。比如,20 世纪的 60 年代初,日本汽车工业还处于对国外部件的组装阶段,但是他们却成功预测出了70年代的石油危机,节能高效的汽车将有更广阔的市场空间。因此,日本汽车行业做出了调整,丰田汽车带领整个日本汽车行业设计出一批针对美国市场的省油低能耗的轿车。所以,当20世纪70年代的石油危机真的来临的时候,日本已经有足够充分的准备打入美国市场,并占据了西欧市场。

（二）企业市场定位必须依据事实

珠海巨人集团此前一直被称为高速发展的高科技"明星企业",后来却以失败告终。原因在于"巨人"把企业定位为高新技术产业,但是却未从企业的实际出发,忽略了人力、物力和财力等关键因素,最终导致企业的没落。

案例：小猪 CMS 代理商

北京智慧之旅是一家互联网新锐创业型公司,也是业内知名互联网技术公司小猪内容管理系统（Content Management System, CMS）的标杆代理商。"互联网＋行业"的跨界融合,给企业带来了新的创业风口。在大多数人都在扎堆"互联网＋"的金矿时,这个创业团队却独辟蹊径,将目光瞄准了挖金矿的工具。小猪 CMS 智慧店铺产品,正是这样的掘金工具。小猪 CMS 智慧店铺的企业发展定位主要面向线下零售业和服务业,可为行业提供融合线上线下的移动会员客户关系管理（Customer Relationship Management, CRM）、会员营销方案、拓客营销方案和二次营销方案,为线下门店解决客户少、回头客少的经营痛点。

小猪 CMS 智慧店铺产品拥有庞大的市场发展空间和竞争优势,也正是代理了小猪 CMS 智慧店铺之后,北京智慧之旅在短短一个月时间内,就实现了业绩大突破,盈利持续增长。

（三）产品的市场定位应注意系统的平衡

市场经济包括多种因素,作为一个成熟的企业必须要做到全面研究分析,不能片面看待问题。同时,企业的市场定位也是如此,从科研到生产再到销售等各个环节都要重视产品的市场定位,并将其作为基本的经营理念去执行,特别是产品的定价和销售环节,任何一个细节的忽略都会导致产品市场定位的失败。

(四)企业的市场定位应注意过程的动态平衡

社会快速发展,市场需求不断变化,企业及市场的目标也随之不断改革进步,因此,产品的市场定位也要随时进行调整。科技的进步使市场各行业产品功能不断更新,从而不可避免地造成企业市场定位的失衡。因此,如不与时俱进,跟上改革的步伐,将随时被这个时代和市场所淘汰。

思考题

1. 数字产品设计重要性。
2. 数字产品设计定位步骤。
3. 数字产品市场定位策略。

·第三章· 数字产品动态定价

本章引言

　　商品的价格直接影响商品的销售,定价是企业最重要的决策之一。企业如何根据产品成本、消费者心理特征,制定合理的销售价格,对企业的发展至关重要。数字产品基于成本构成的特殊性,其定价理论区别于传统产品。本章主要介绍数字产品的动态定价理论以及动态定价策略。

本章重点和难点:

　　数字产品成本结构

　　数字产品动态定价理论基础

　　数字产品定价策略

教学要求:

　　了解数字产品动态定价对产品运营推广的影响。掌握数字产品动态定价理论和动态定价策略。

· 本章微教学 ·

第一节 数字产品定价特殊性

人们对价格的认识是随着社会经济条件的变化而发展的。传统价格理论认为价格主要决定于社会必要劳动时间和供求均衡状况。在现代新技术经济条件下,产品"定制定做"革命正在改变产品的生产方式和销售方式。产品生产小批量化,甚至可以做到没有一件产品是相同的。在网络条件下,等价交换的价值规律正在受到冲击,一物一价、一时一价、一人一价,价格逐渐变成个体时点指标。20世纪60年代初,雷曼德·考利(Ryamond Corye)就提出"定价是极其重要的,整个市场营销的聚焦点就在于定价决策"。数字产品定价是企业最重要的决策之一,影响企业市场占有率及获利性。

一、数字产品定价的经济学分析

传统经济学中商品的价格是由供需关系决定的,供给曲线和需求曲线的交点,就是商品的均衡价格点。商品的价格通常是通过边际分析的方法确定,根据 MR＝MC 原则给产品定价。在边际成本递增,边际效用递减的情况下,价格等于边际生产成本时消费者获得效用最大化。

然而,数字产品本身的特性使得这一传统的经济学理论的解释能力降低,导致传统的供求曲线和均衡分析的失灵,数字产品定价理论发生了巨大变化。第一个变化是在价格中起决定性作用的不再是物质资源,而是信息资源;第二是产品和服务、生产者和消费者、企业与企业之间的关系从分离转变为边界模糊;第三是从产品的供给不足到需求不足;第四是边际效用从原来的递减到递增,边际成本从递增到递减;第五是规模经济主要作用从供给方到需求方;第六是从劳动、资本、土地是生产要素到知识、客户、网络是生产要素。

二、数字产品定价的特殊性

(一)数字产品效用评价的主观性

任何产品的需求都随消费者个人偏好而变化,而对数字产品的需求似乎更容易变化。数字产品没有实物形式,它们的用途和价值,不同的消费者有不同的理解,主观性强。因此,数字产品在制定价格时一般根据消费者的边际支付意愿,依赖消费者类型或其他的信息进行产品定制。

(二)数字产品的先验性

先验性是指数字产品是一种经验产品。所谓经验产品是指对于新产品,消费者必须先尝试,然后才能对它进行评价。在使用数字产品之前,消费者无法对其价值进行判断,无法知道是否会喜欢,是否会愿意为其付费,很多用户会根据该产品已有用户的评论和销售数量进行判断。对于数字产品来说,它每次被消费的时候都是经验产品。消费者在确定商品价值前会谨慎消费,所以,对数字产品的提供商来说,确立数字产品消费偏好就显得非常重要。企业要通过各种手段帮助消费者了解该产品效用,减少商品质量信息的不确定性和信息的非对称性,这样消费者才能确定自己的购买偏好。

(三)数字产品的网络外部性

关于网络外部性,梅特卡夫法则(Metcalfe's Law)认为"网络的成本会随着网络规模的扩大呈直线型扩张,而网络的价值以节点数平方的速度增长"。网络外部性分为直接网络外部性和间接网络外部性。直接网络外部性是指,如电话、在线服务、E-mail 等,随着某一产品消费用户数量增加而直接导致网络价值增大。间接的网络外部

性是指,如互联网与网站、电子书等,随着产品使用者数量的增加,该
产品的互补品数量增多,价格降低。

三、数字产品成本结构的特殊性

数字产品易复制的优点使得数字产品的生产形成特殊的成本结
构,可以简单概括为:前期研究与开发成本高,生产制造成本低,变
动成本低,网上分销的成本低。总之,数字产品的沉淀成本高,边际
成本低。数字产品的可变成本称为边际成本,低廉的边际成本不受
自然能力的限制。如果能生产一份,就能以相同的单位成本生产千
份、万份。数字产品的成本结构决定了规模经济效益,平均成本曲线
呈现下滑趋势,企业生产得越多,平均成本就越低。

因此,企业如果将数字产品价格定在与边际成本相等的水平,企
业就会亏损。例如一个软件公司编了一款产品推广 App,总计固定
成本 10 万元。App 设计制作完成后,每复制一份的边际成本是 1
元。假设其面对的是一个垄断竞争市场,该出版商若将价格定成与
边际成本相等,则出版商将遭受 10 万元的经济损失。数字产品的这
种成本构成决定了它们与非数字产品的成本定价方式相比,更适合
采用价值定价方式。

设 Q 为某数字产品销售出去的拷贝数量,C 为研发投入的开发
成本,C_i 为销售第 i 件拷贝发生的分销成本。令 $TC(Q)$ 代表总成本
函数,或者说是在某个产出水平上的总生产成本,则平均成本可定义
为:$AC(Q) = TC(Q)/Q$

边际成本 $MC(Q)$ 为每增加一份拷贝所导致的成本的变动,可以
表示为:$MC(Q) = \triangle TC(Q)/\triangle Q$

软件产品的生产成本结构,即其总成本函数为:

$$TC(Q) = C + \sum_{i=1}^{Q} C_i$$

其平均成本：

$$AC(Q) = (C + \sum_{i=1}^{Q} C_i)/Q$$

其边际成本：

$$MC(Q) = \frac{dTC}{dQ} = \frac{d(C + QC_i)}{dQ}$$

$$MC(Q) = C_i$$

考虑到网络上销售数字产品的分销成本相同，C_i 是固定常数。说明数字产品的边际成本与其总的投入没有关系，与销售量也没有关系。C_i 是固定的值，其经济意义可以看成是分销费用，或软件服务费用，或商家认可的销售最低价，或一个商家控制的调整量。

平均成本总是大于边际成本，数字产品边际成本不像传统经济学中的在平均成本最低点时穿过。只有 $Q \to \infty$ 时，才有：$AC(Q) = MC(Q)$，如图 3-1(a)所示。

这就说明只有在很高的产出（销售量）水平上，其平均成本和边际成本才能相等。进而，根据前面的分析，对于网上销售的数字产品，其 $C_i \to 0$，此时有：$AC(Q) = C/Q, MC(Q) = 0$

可以看出，数字产品的平均成本是随着销量 Q 的增加急剧减少、趋近于零的，因此，在某一销量点上，只要销售价格大于该点的平均成本 $AC(Q)$，就会盈利。当销售量足够大时，任何大于零的价格都可以使得厂商盈利。因此，传统的边际成本定价法不适合数字产品，但是研发的总投入 C 决定了产品的功能、质量和易用性，是构成产品内在价值的决定因素。可以画出数字产品的成本曲线如图 3-1(b)所示，当变动成本为零时，总成本为一水平直线；当考虑了极小的变动成本时，总成本为略向上倾斜的直线，斜率等于 MC。

四、数字产品定价对运营的影响

定价问题是数字产品运营推广中的一个核心问题。例如，一款

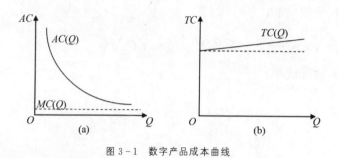

图 3-1　数字产品成本曲线

软件采用阶段性许可销售,每年价格是 300 元。那么这每年 300 元的依据是什么?为什么不是每年 30 元或者每年 3000 元?价格的高低对产品的销售有很大的影响,那么,300 元是不是最优价格?某一价格在今天是最优的,不能保证同一价格在下一个月甚至第二天还是最优的。同时,有很多在线企业可能采取了正确的定价方式,但是却没有达到预期的目的,那是因为他们在定量地确定具体价格的时候,没有找到正确的价格点。Stahl 和 Siegel 对有偿内容性数字产品的非线性定价进行了实证分析,采用了德国的支付提供商 FIRSTGATE(具有 2500 家内容提供商和 250 万注册用户)提供的数据,研究了 55 个供应商的数据样本,这些供应商的有偿内容性数字产品的定价都是非线性的。例如,供应商提供产品订阅,为客户提供不同时间选择——1 个月、6 个月、12 个月,订阅时间越长平均月费越低。调查结果显示,只有 28% 的供应商选择在高价格数量段的交易量多于在低价格段的,也就是大部分非线性资费设计有问题,原因在于高段的单价让利太少,平均只有 16% 让利。而成功的设计在高段的单价让利平均达到 38%。研究结果说明,在线供应商在产品定价上不仅要研究正确的价格点,而且要研究数字产品的价值构成,使商家能够最大可能地获得消费者剩余。因此,数字产品的价格必须根据数字产品的特性而定。

第二节 数字产品动态定价机理

一、动态定价的理论基础

(一) 价格歧视理论

1. 价格歧视概念

通常的价格理论都是假定市场上的消费者是同质的 (homogeneous)。而在现实的生活中，消费者大多是异质的 (heterogeneous)，不同的消费者有不同的偏好，对同一商品的主观评价也不同，也就是说每个消费者对同一商品的保留价格 (reservation price) 是不一样的。这就使垄断企业可以利用差别价格，实现利润最大化。而同一产品按照不同的价格销售就是价格歧视。

歧视性定价有以下三个特点：第一，价格歧视的实施者必须是同一卖者。如果是众多卖者对同一种商品采用不同价格，这称为价格离散现象。第二，所卖的商品必须是相同产品，即质量相同、成本也相同。第三，价格歧视的被实施者可以是同一消费者也可以是不同的消费者。

价格歧视不能出现在完全竞争的市场上。在完全竞争的市场上，有许多以市场价格出售同一种物品的企业。如果企业可以用较高的市场价格出售，没有一个企业愿意收取低价格。如果企业想要以较高的价格出售，顾客就会流失，转向其他企业购买。所以，能够实施价格歧视的企业通常具有一定的市场控制力量。

2. 实施价格歧视的条件

价格歧视可以为企业带来更多的利润,但实施价格歧视必须具备以下条件:

(1)企业具有一定的市场垄断能力。企业具有一定的市场控制力量并不等于市场完全垄断,而只是需要有一定垄断能力,企业有能力将价格定在边际成本以上。这也就是说产品提价时企业不会失去所有的消费者,这为实施价格歧视提供可能。

(2)企业要能区分消费者。企业有可能根据价格弹性的不同,把企业的产品市场分为几个不同的市场。如果企业不加区别对所有消费者降价,不可能增加多少利润。如果能保持高消费群,单独对边际消费者降价,那就会带来更多的利润。这时候企业就需要根据商品的价格弹性区分不同的消费群体,对弹性较小的商品,可以制定较高的价格,反之,价格弹性大、替代性强的商品,制定价格时要谨慎。

(3)企业可以防止套利行为。企业生产的商品必须是不能在各个不同市场进行倒卖或者倒卖成本很高,即低价购进的商品不可能再以高价卖出。如果存在中间套利者,那么利润会被中间商分走,企业价格歧视政策便会失灵。

只有同时具备以上三个条件,企业实施价格歧视才会成功。

(二)基于价格歧视理论的动态定价分类

1. 固定价格和差别定价

固定价格包括标签价格(posted price)或菜单价格(menu price),是最常见的价格决定方式。企业会对每个商品进行标价,消费者如果认为价格合适,就会选择购买某种商品。如果认为商品价格过高,有的消费者可能转向其他的卖家,不会跟卖家讨价还价。固定价格有时可能是一个供买卖双方讨价还价的起始价格,有时可能是一个计算折扣的基准价格。固定价格的优点是可以节约交易的时间成本。一般来说,卖方不敢把价格定得太高,那样会失去消费者。

固定价格的最大特点是具有一定的稳定性和持续性。价格一旦以标签价格的形式出现,就具有了一种黏性。固定价格也不是说价格一成不变,它会随着时间进行调整,但一般不会频繁调整,且调整时对所有顾客一视同仁。

差别定价就是相同的产品销售的时候,单位价格可能会因人、因时而不同。比如,拍卖通常一人一价。讨价还价也是典型的差别定价。

2. 静态定价和动态定价

静态定价和动态定价的区分主要是依据价格是在交易中还是在交易前决定。

静态定价是指卖方在交易前就确定了价格,典型的就是固定价格。还有就是卖方事先制定好了的数量折扣政策或价格套餐政策,这种定价属于差别定价中的二级或三级差别定价。

动态定价是买卖双方在交易中确定价格,典型的是一级差别定价。交易双方在交易之前只知道大致价格范围,在交易当中,消费者根据商品的质量、供求形式和卖方的要价,经过讨价还价,来调整自己的支付意愿。

二、数字产品市场价格歧视的应用

数字产品市场不仅在理论上具备价格歧视的条件,而且在实践中已经有一些价格歧视在市场中得到应用。在数字产品市场上,价格歧视的表现主要有 3 种。

(一) 个性化定价

随着网络技术的发展,在电子商务环境下,企业可以通过顾客在网站注册时留下的个人信息、记录和跟踪顾客的网上行为,了解顾客的个性化需求。企业能够收集到顾客偏好,进行个性化产品定制的成本就会下降,使企业有条件实施个性化定价。

(二)版本划分

由于网络技术的应用,企业可以按不同需求划分出不同版本,消费者根据自己的需求选择适合自己的版本,企业可以通过这种方式获得更高的产品价值。如 PAWWS 财经网络公司,该公司主要向客户提供证券报价的信息服务,需要实时报价信息的客户每月收取 50 美元,对延迟 20 分钟报价信息的客户每月收取 8.95 美元。

(三)群体购买

这是三级价格歧视在生活中的应用,三级定价是以消费者的身份为定价的基础,对不同的消费者群体索取不同的价格。如最常见的群体定价方式是企业针对会员与非会员提供不同价格和服务组合。会员根据不同的级别享受到不同服务,而非会员一般只能享受低端的服务和很少的价格优惠。

三、数字产品动态定价的条件

从普遍意义上讲,数字产品具备价格歧视的条件,可以实施动态定价。

(一)数字产品具备防止套利技术

数字产品市场本身就具有防止套利特点,数字产品的可定制、可改变性使之具有独特的防止套利能力。例如 ERP 软件,就是根据企业的规模、特点等具体情况而定制不同的功能模块。在一些价值小的数字产品上,一般可以采用数字水印、注册等手段防止非法传播。当然,技术不能完全阻止消费者之间的再销售和传播,还需要运用相关法律措施。两者相结合,阻止消费者之间的套利销售。

(二)获取消费者支付意愿的信息成为可能

在传统市场上,完全了解消费支付意愿只能是一种理论假设。

在现实经济中,企业几乎不可能了解每个消费者的支付意愿。同时,普遍流行的固定价格方式也限制了企业根据不同需求的消费者采取个性化定价的行为。在网上交易中,企业通过注册、Cookie 技术或用户跟踪等方式可以了解消费者的信息。关于个人的信息,涉及消费者隐私,部分消费者在注册的时候不愿意提供真实信息,会对一些身份信息进行隐瞒,但是为了收到货物,提供的姓名和地址一般都是真实的。企业可以通过跟踪分析消费者网上行为,例如,网站可能会向消费者的终端电脑植入 Cookie,以此跟踪、识别消费者的网上行为,有些网站还可能根据消费者的登录账号来识别消费者的行为。企业可以通过拍卖和谈判获取消费者支付意愿。由于每笔交易的价格都是在具体的商家与消费者之间交互的交易过程中确定的,不论是买方还是卖方,事先都没有能力完全准确地决定或预知具体的成交价格。因此,这种定价方式是完全的动态定价。

第三节　数字产品定价策略

数字产品定价时，应当考虑商品的特性、营销环境和消费者对商品的主观评价。其中，消费者的效用是数字产品定价的基础。如果企业单纯通过降价，而没有充分地考虑顾客的想法和需求，除了一小部分对产品价格特别敏感的顾客之外，降价策略并不一定会成功，还有大量消费者更注重其他获取成本和效用。所以要根据顾客购买产品愿意付出的成本和代价制定产品价格，更好地满足顾客需求。

一、差异化定价

由于数字产品的定价是以顾客的评价为依据的，所以针对不同的评价，价格也自然不同，这就产生了差异化定价。产品差异化是指对同一种产品根据消费者的偏好从产品特性或质量方面加以区别，从而满足不同的消费需求。

(一) 什么是差异化定价

差异化定价一般指同一产品以不同的价格卖给不同的消费者。差异化定价既包括产品差异化后形成的价格差异，又包括同一产品的不同定价。价格差异一般有三种：

1. 完全价格差异

也叫一级价格歧视，是对每一个购买者设定一个价格，分别定价。价格的设定通常由用户最大支付愿望决定。

2. 二级价格差异

基于用户自愿选择的方式，即当企业不能识别不同用户时，由用户自主选择机制决定价格。

3.基于群体的差异化定价

也叫三级价格差异,企业针对不同群体设置不同的价格机制。

(二)差异化定价方法

经常用到的差异化方式有横向差异化和纵向差异化两种。横向差异化是根据消费者的偏好进行定价,价格通常是一致的,没有好坏之分。纵向差异化是根据产品的质量进行定价,价格通常是不同的。企业通过产品差异化定价,满足了不同偏好消费者的需求,也扩大了市场份额,使企业获取超额利润。

如图 3-2 所示,当厂家把价格定为 80 元时,则将有顾客 100 万人;如图 3-3 所示,当价格定为 20 元时,有顾客 400 万人。两者都能有 8000 万元收入。但是如图 3-4 所示,如果能以 80 元出售 100 万份,20 元出售 200 万份,则将有 12000 万元收入。在这种情况下,商家更愿意选择差别定价。

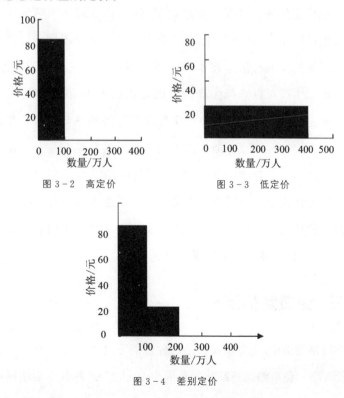

图 3-2 高定价　　　　图 3-3 低定价

图 3-4 差别定价

二、个人化定价

因特网在了解顾客信息方面得天独厚,如 Web 服务器可以记录访问者的域名、IP 地址、访问时间、下载行为和访问过的文档,了解客户的来源、位置、计算机和浏览器的类型以及顾客在服务器上访问过的网页。Cookie 技术可以使服务器实现更复杂的功能,在它里面包含了顾客的姓名、爱好、消费项目或支付方式的信息等,为个人化定价打下了基础。

根据美国经济学家卡尔·夏皮罗(Carl Shapiro)和哈尔·瓦里安(Hal Varian)进行的市场研究,在信息价值基础上的信息价格有两种主要的定价模式:个人化定价模式和群体定价模式。所谓个人化定价模式是指针对不同销售时期不同的顾客对同一产品采取不同的价格制定方式。

个性化定价通常表现为产品定制,就是企业按照顾客的要求和标准来生产产品。定制与产品差异带来了一个完全不同的经济学问题。互联网的发展与信息技术的应用使得产品个人化成为可能,传统的大批量生产可以降低生产成本的方法已不再适用于数字产品,因为其再生产的成本非常之小。定制使得经济效率与经济规模的关联降低了,而与产品匹配、减少需求的不确定性联系在一起。定制的价值在于产品更符合顾客的需要,定制的产品减少了用户套利的可能性。因为传送给某个用户的产品可能对其他人没有什么价值。另一方面也使整个社会的资源更合理。实施个人化定价的企业能够减少资源浪费,获取最大的消费者剩余。

三、免费定价策略

在网络经济中,免费不仅仅是一种营销手段,它还是一种非常有效的定价策略。免费赠送产品和服务成为 20 世纪 90 年代中后期网络及软件企业经营中的时尚。比如,Sun Microsysetms 公司把自己十年来最重要的技术产品 Java 软件赠送给了用户;微软和网景为抢夺浏览器市场,争相将自己的产品以各种各样的手段免费送给公众;网易、新浪等企业争相开放 E-mail 和信息服务业务,所有 E-mail 邮箱和网上新闻等信息服务均免费向社会公众提供等等。利用先验性使消费者对其产品产生路径依赖,增加了消费者的转移成本。

(一) 免费的经济学依据

从经济学上理解,免费是经济可行的。因为数字产品特殊的成本结构使其边际成本几乎为零,这一成本结构也导致企业有能力免费赠送或低价销售产品。在传统营销手段中,免费策略也会被运用,但由于成本较高,不可能提供大份额的免费,不能普遍和持久使用。而数字产品可以通过互联网实现零成本的配送,适合采用免费价格策略。企业提供免费数字产品往往出于长期考虑,将目标定位在数字产品的成熟期。企业为了在未来市场占有先机,获取利润,免费定价策略是很有效的手段,通过让消费者前期免费试用,培养对产品的依赖。

此外,数字产品的"经验产品"特性,也为免费策略打开市场提供依据。如 MS-DOS 和 Windows 在进入中国市场的时候,通过低价、免费安装和赠送等方式达到了普及的目的,甚至对盗版现象也视而不见。但在消费者的消费习惯养成之后,他们加大了打击盗版的力度,提高了商品零售价格。

(二) 免费策略的优势

任何企业采取免费都不可能是长期的策略,都期望通过免费在未来获取更大的利益。企业在网络营销中采用免费策略可以带来的优势是:

1. 迅速占领市场

免费使用,相当于发布媒体广告,当产品的知名度达到一定水平后,就可以获取收益。如 163 邮箱,通过免费使用获得大量的用户,占领了电子邮箱市场,通过广告收入等间接收益实现盈利。

2. 锁定用户

免费的产品许多人愿意使用,那样就"锁定"了用户。如果消费者使用后觉得满意,愿意继续使用,那么一旦消费者对产品产生依赖感,考虑到转移成本,一般不会轻易放弃。锁定用户后可以通过产品升级、部分项目收费等形式获得利润。如扫描全能王,先允许用户试用一个月,等用户肯定后按月或年收费,免费策略也是一种产品促销策略。

3. 获取消费者信息

部分网站提供免费信息的目的是获得用户的个人信息,还有些通过出售用户信息获益。如美国互联网免费服务提供商 FreeINet 公司为了赢得市场,决定用户接入互联网完全免费,唯一条件是交换用户个人信息。结果每隔 12 秒,就有一名用户接入该公司提供的网络,这些用户中有 17% 是新手,扩大了网站的知名度。完全免费的数字产品主要有电子邮箱、搜索引擎、部分音乐以及一些较为常用的小软件等。

(三)免费价格策略方式

1. 数字产品限制免费策略

数字产品限制免费是指数字产品被免费下载后,用户可以使用它,但会受到诸如使用时间和使用次数的限制。数字产品非毁坏性的特性可以非常好地使用这种策略,这种策略可以让消费者先了解、熟悉该产品的性能,但不会对企业和消费者造成损害。以前会出现消费者在超过使用期限或次数后又重复下载产品的情况,但现有技术已基本解决这种问题。

2. 数字产品部分免费策略

数字产品部分免费策略是指消费者只能免费使用其中一种或几

种功能,如果想要使用产品的全部功能就需要付费购买正式产品。如免费的杀毒软件,只能处理一些简单的病毒,如果想要查杀关键的病毒,用户就需要去购买正版的杀毒软件。这里产品免费功能起到产品广告的作用。

3. 数字产品完全免费策略

数字产品完全免费策略是指数字产品从购买、使用到售后服务所有环节都实行免费。企业提供完全免费的产品,目的是吸引用户注意力,吸引足够的人了解企业,增加企业的知名度,建立企业品牌形象,免费产品的使用量就相当于用户对商品的认可度。

(四) 实施免费策略时应注意的问题

对于企业来说,免费只是一种手段,盈利才是企业的目的。能否从免费中获取企业的利润,关键在于企业之前进行的决策。但是,实行免费策略,并不是每个公司都能顺利获得成功,也可能承担很大的风险。首先要有一个成功的商业运作模式;其次要获得市场认可,提供的产品或服务受到市场欢迎;再次推出时机要合适,如果市场已经被占领或者已经比较成熟,那样就要重新审视推出产品的竞争能力;最后要精心策划和推广,让用户习惯使用免费的产品,这要制定出一套详细、周密的方案。

四、捆绑销售定价

一般情况下,企业所提供的产品不止一种。所以,企业可以有选择地单独销售每件产品或者捆绑销售。Adams 和 Yellen(1976)首先提出捆绑是一种很有用的差别定价的方式,捆绑策略是一种提高企业利润的定价方法,特别是当估价互不相干的时候。捆绑销售指把两件或更多的产品按固定的比例包装在一起销售。在网络经济中,对数字产品运用捆绑销售的定价方式非常普遍。如微软公司把

Word、Excel、Powerpoint 等应用软件捆绑销售。

在数字产品中,企业开展业务的成本,包括网络、数据传输及信息存储等,与提供产品、服务的数量关联不大。数字产品采用捆绑销售,增加组件却几乎不会增加成本,提供一种、五种或更多种产品的捆绑成本没有什么差异,充分发挥了数字产品低边际成本以及各组件间的互补性特点。对数字产品而言,捆绑销售是一种非常行之有效的定价策略。现在越来越多的数字产品企业已经采用了捆绑定价作为产品销售的主要方法。

五、使用次数定价

在网络经济中,数字产品的使用周期越来越短,购买后有些用户使用几次就不再使用,为了满足这些用户的需求,可以采用类似租赁的方式按使用次数定价。所谓使用次数定价,就是顾客不需要支付购买产品的全价,只需要根据使用产品次数付费。这种方法可以吸引使用次数少的顾客,扩大市场份额。此外,它是一种简单的定价方法,很容易操作。数字产品因为直接在互联网上传输,可以实现远程控制,非常适合使用次数定价的方法。如用友软件公司推出的网络财务软件,用户注册后可以直接处理账目,而无须购买软件和担心软件的升级和维护。

六、版本划分定价

这种定价策略是根据不同类型顾客的需求提供不同的版本,为不同版本制定不同价格。版本划分为完整的版本系列,高、中、低端数字产品同时存在,档次分明,价格、性能差异大,引导顾客向中高档靠拢。

如图 3-5 所示,当顾客消费一个低级版本 X_3 时,价格为 P_1;在购买高一级版本 X_2 时,价格为 P_2;以此类推,商家获得的收入就可以比单一定价 P_1 时多(图中阴影部分)。

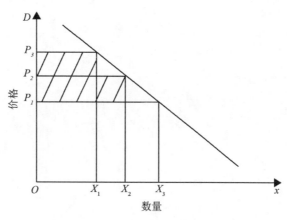

图 3-5 版本划分定价

七、群体定价

群体定价是指根据消费者的偏好不同,按消费群体提供不同性能的产品,并对不同性能的数字产品差别定价。商家在定价时,根据消费者类型划分消费群体,给对价格比较敏感而对性能要求不高的用户,提供性能低、价格低的产品。反之,对性能敏感的,则提供性能高、价格高的产品。群体定价的关键是划分消费群体。

从上述定价策略可以看出,这些定价策略结合了数字产品市场特性,反映了消费者的消费心理,企业必须根据自身特点制定差异化的定价策略。

思考题

1. 如何理解数字产品的网络外部性。

2. 数字产品动态定价的理论及应用。

3. 分析生活中某一款数字产品的定价策略。

·第四章·
数字产品用户运营

本章引言

移动互联网时代,用户至上思维在数字产品运营推广过程中非常重要。用户至上,要求企业在设计产品、运营推广产品时都要围绕用户需求。本章内容主要从用户的角度介绍运营推广过程中如何解决用户问题。主要介绍产品运营过程中,有哪些用户,不同的用户有哪些不同的获得渠道。获得种子用户后,保证用户增长的方式有哪些。对早期用户、核心用户如何进行管理,才能确保产品运营成功。

本章重点和难点:

　　用户增长方式

　　核心用户管理

教学要求:

　　了解数字产品用户种类,不同用户获得渠道。掌握用户增长引擎和用户管理。

·本章微教学·

第一节　用户获得

企业生产的产品只有满足用户需求才能占领市场,同时,任何一个企业无法满足市场所有用户的需求。企业只有分析市场确定目标用户,满足目标用户的需求,才能为企业带来经济效益。因此,用户运营是运营的重中之重,任何产品离开用户就必然被市场抛弃。

一、什么是用户运营

以用户为中心,是所有运营工作的出发点。在产品的运营推广过程中,运营推广人员需要结合产品本身的特性,从用户的需求出发,进行有针对性的个性化运营。用户运营的目标就是增加用户数量及用户活跃度。关注每个运营节点,分析每个节点用户变化的原因。要预设用户增长节点,关注用户活跃度,让活跃用户量稳步增长。所以,用户运营就是以用户为中心,遵循用户的需求,以用户量及活跃度为目标导向,设置运营活动与规则,制定运营战略,严格控制实施过程与结果,完成从无到有的用户积累,以达到预期所设置的运营目标与任务。

二、用户分类

用户分类就必须区分不同渠道来源,根据渠道进一步识别用户属性,如年龄、性别、爱好、活跃度等等,以 App 用户为例主要有以下几种。

（一）种子用户

种子用户是在你的 App 上线之初获取的第一批用户，且能够留存下来，带来更多的用户。他们热衷于尝试新观念或新产品，是新观念的提出者或者新产品的倡导者。但不是所有热衷尝试新产品的人都是种子用户。例如，IT 观光团，他们热衷于尝试各种最新的产品，会利用微博等各种方式推广产品，并从专业的角度审视产品的定位、设计、交互等各项细节，然后写专栏对产品进行评测，以推测它们能不能成为下一个 Facebook 或者微信，同时也借鉴其中的产品逻辑指导自己的工作。但是他们体验新产品只是职业的需要，他们可能是产品经理，也可能是设计师，还可能是投资人。另外，早期用户不一定是种子用户，早期用户只是比较早使用产品的用户。种子用户首先是产品本身能解决其需求，其次他们会无条件地支持产品，宣传产品。种子用户会为产品理念而非产品本身付费，他们能忍受产品的各项不完美。

（二）核心用户

产品的核心用户是产品赖以生存和发展的根本，核心用户是产品核心价值的主要贡献者。核心用户能够贡献资源，比如内容、产品创意，解决技术难题等，能够为企业带来现金流，并宣传产品，增加更多直接或者间接的用户。种子用户是存在于产品初期的特殊用户，而核心用户则存在于产品的每个阶段。

区分产品的核心用户的一个重要的标准就是给产品带来的价值。比如太平洋电脑网的核心用户是经销商，经销商可以帮助卖掉更多的产品。39 健康网的核心用户是医生，医生可以回答用户的问题。还有一些热心用户也可以被视为核心用户，他们既不是优质付费内容的生成者，也不是这些内容的买单者，但是他们仍然会利用自己的其他特长来增加产品的核心价值。比如百度云招募的协助其在贴吧、论坛、QQ 空间、QQ 群、微博等平台运行的自媒体账号。

（三）达人用户

这是根据用户的表现设置新的用户的运营方式，他们更多的是为了促进产品的活跃度。例如把用户分成小红书达人、美食达人、电影达人、旅游达人等不同的属性分别运营，维持其活跃度，并让产品在每一个细分领域都会逐渐沉淀相关内容，形成固定的关系链，打造多元化的产品氛围。

（四）普通用户

普通用户指的是只要完成注册就可以的用户。普通用户这一群体，一般完成注册后行为较少甚至毫无操作，基本只消费内容，不与他人互动，贡献内容较少甚至不贡献内容。当一款产品通过种子用户的测试期正式上线后，普通用户就会逐步地进入，人数也会逐渐增多。新浪微博发布不久后，通过新浪娱乐、读书、博客等频道的带动，引入大批的公知人物、明星、知名企业等，然后在这些关键意见领袖（Key Opinion Leader，KOL）的引导下，微博的普通用户数量在初期有了指数级的增长。其后，通过 KOL 与普通用户的互动，新浪微博完成了用户留存。

三、用户获得

不同阶段，用户获得的方式各不一样。在产品早期没有内容的时候，内容运营人员可以借助技术手段或者自生产的形式来生产内容，用户运营人员只有通过不断地挖掘产品的价值点来匹配用户的需求才能吸引用户。有的企业投入大量的人力、物力推广后，却经常找不到突破口或者遭遇用户增长的瓶颈。这主要是因为一开始对产品的定位和理解不准确，无法准确地描述自己的用户到底是谁，致使运营人员在开始推广时迷失了方向。所以在产品正式推广前就需要根据产品定位去设定早期的用户角色以及用户属性。

(一) 早期用户获得

豆瓣在开张的第二天就有用户注册,那时搜索引擎中还找不到豆瓣,用户可能是在浏览器上无意敲打 douban.com 这个网址进入的,然后注册了 ID 到处看了看,没有做任何事情,此后便再也没有登录过。在产品早期,除种子用户外,也会有非种子用户注册并体验产品,有的会流失,有的则被留下来,关键在于如何对早期用户进行运营。

早期用户一般通过内测获取。邀请用户参加内测会使用户产生一种荣耀感和自豪感,内测用户可以很轻松地变成种子用户。受邀请的用户一般是比较有影响力或话语权的,他们的宣传介绍容易获得普通用户的关注。内测用户可以邀请以下 3 类用户。

1. 社会名人

如果企业有一定的经济实力,可以邀请社会各界给产品进行内测。如品牌鲜花 rose only 在入市后,倡导"一生只送一人"的产品理念,并邀请了诸多明星为产品推广,从而引来大量普通用户的关注。掌趣科技代理的《石器时代》在上线时邀请了湖南电视台主持人杜海涛来代言。

2. 意见领袖

根据产品特色,可以考虑邀请社交平台的意见领袖进行内测,他们对产品有着与明星比肩的影响力,但需要花的时间成本与预算相对偏低。

3. 媒体渠道

记者、自媒体人、论坛版主、贴吧吧主等在传媒领域中都有相当大的话语权,邀请他们进行产品内测,可以增加产品在主流媒体上的曝光度。实施内测邀请带来的用户数量并不足以改变产品的氛围,如工具类的产品或者电商类的产品;而社区类的产品则需要注意由测试人员的知名度带来的普通用户的注册及发言是否会稀释产品的价值。企业最好为测试用户建立交流平台,如论坛、QQ 群、微信群等,让他们可以及时交流及保持对产品的新鲜度,持续贡献有利于产品推广的素材,使企业获得更多用户。

(二)种子用户获得

测试期的种子用户主要由产品团队成员和通过运营吸引而来的种子用户两部分人群构成。

1. 吸引产品团队成员成为种子用户

产品的团队成员通常认为,他们自己开发、设计、运营了一款产品,就肯定会为产品负责,会站在普通用户的角度去体验产品。但事实上,每个团队成员都有不同的关注点,技术人员认为自己应该注重改善代码效率,提升系统稳定性;设计人员认为应该注重改善视觉交互;运营人员做内容圈用户,从而忽略产品团队成员成为种子用户的初始目的。所以种子用户运营的第一步就是要让创始团队成员成为产品的种子用户,增加参与感。

2. 从内容出发寻找种子用户

在互联网时代,人人都可以发出自己的声音。但是,优质的内容也只是由小部分人提供,通过优质的内容可以联系内容的创造者。从内容出发,可以通过以下 3 种方式找到用户,进而判断其是否能成为种子用户。

(1)搜索引擎。通过搜索引擎查找内容是非常便捷的方式,但经常会被忽略。除在百度中搜索外,在谷歌、微博、搜狗、知乎中都可以搜索,从而锁定用户。

(2)垂直社区及竞品。在垂直社区及竞品网站中,通常聚集了大量优秀的作品,这些作品的作者都是"重度互联网玩家",所以这些地方是种子用户运营人员绝对不能忽略的。

(3)其他内容型网站。只要是可以聚集目标用户的地方都可以被列为种子用户的来源渠道,可以通过内容类型进行筛选判定。

使用以上 3 种方式可以精准地锁定用户,这仅仅是第一步,让他们成为真正的种子用户还需要不断努力。整个运营能否成功的关键还在于产品能否满足用户的需求。如果用户对产品感兴趣,就会追问产品的开发进程,并申请成为产品的用户,为产品的理念买单。为一个不完整的有待改善的产品买单,这才是真正的测试期的种子用户。

3. 获得种子用户常见的渠道

(1) QQ 群。QQ 群一般都是以某个主题为中心建立起来的,在 QQ 群中通过简单搜索,就可以找到兴趣爱好相同或相似的用户。通过与群主沟通可以了解群内大部分用户的特点,完成初轮用户筛选。

(2) 微信群。微信群在联系具体用户方面比 QQ 群更有优势,但是要马上搜索到某个领域的微信群则比较困难,只能作为寻找用户的辅助手段。

(3) 微博搜索。通过在微博中搜索相关的关键词,然后根据用户的粉丝数量、话题相关程度、作品质量有选择地联系相关用户。

(4) 线下资源导入。运营人员可以搜寻各种行业协会、俱乐部、培训中心等的注册会员,还可以多参与各种主题沙龙、行业会议,与用户先成为朋友再谈合作。

(5) 行业资源导入。通过自己、朋友的社交关系网,寻找符合定义的目标用户。

通过以上 5 种方式可以极为便捷地找到相关用户,但是用户的相关性有多大,能否成为种子用户,还需要后期运营。

第二节　用户增长引擎

在移动互联网普及的今天,移动应用市场的竞争也日益呈白热化状态。产品推广成本从以前平均一个激活成本2~3元到高达几十元,高昂的推广成本不仅增加了企业负担,而且通过传统推广方式(应用商店、广告网络等)带来的用户质量并不能得到有效保证。所以,找到一种性价比高的用户增长方式就显得十分重要。

一、什么是用户增长引擎

用户增长引擎指的是一种周期性的机制,这种机制可以促使已有用户邀请更多用户使用你的应用,从而实现业务的有效增长。这套机制包含四个步骤:发现应用、下载应用、激活应用和分享应用,最后形成闭环,见图4-1。

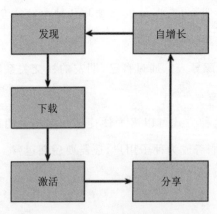

图4-1　用户增长机制

发现应用。这一步主要是运用创新的营销方式,让用户知道你的产品,发现产品。

下载。寻找适合产品的有效推广渠道,提高产品的知名度,完成从发现应用到下载应用的转化。

激活。根据数据统计,有 20％的下载用户只使用了一次 App 就将其卸载掉了。为了保证用户保留 App,需要在用户第一次启动应用的时候提供一些别致的体验从而得到用户的认可。

分享。如何让用户推动更多的用户使用产品,开发者有必要去引导已有用户分享自己的 App,成为产品的推广人员。

二、用户增长引擎的特点

可复制。在产品早期,运营人员考虑的是寻找符合产品定义的种子用户。但是当产品即将处于快速增长期时,如何才能寻找更多的用户？这就需要有更为明确的目标及运营方法,让每个团队成员了解产品,专注于某一个方向不断努力,所以寻找到的用户增长引擎必须是可复制的。

稳定可持续。用户增长引擎不仅需要可复制,同时产出也需要稳定可持续。在用户快速增长过程中,如何寻找持续稳固的增长方式,保持用户活跃度,是运营人员必须要正视的问题。如果不能保持用户的活跃度,长此以往,用户的增长就会受到影响。

三、付费式增长引擎

(一)付费推广考虑的因素

付费式增长就是通过投入广告等付费的方式获得用户增长。一般来说,是否考虑采用付费的方式首先要考虑付费推广能否获得用户增长。如果有足够的预算,付费推广肯定能获取用户。但是当预算有限时,并不是每一个产品都适合采用付费推广,需要寻找最合适的推广方法。其次,哪些产品适合采用付费推广的方式？当产出大于投入,就是用户给产品贡献的利润大于获取用户的成本时,就适合采用付费推广的方式。

关于付费式增长,创新工场的合伙人汪华认为:"如果你是赔钱获取用户,那么你的目标应该是让用户自增长达到一个点。按照互联网的习惯,当一个产品的用户群达到一定的密度之后,接下来就能实现一定的自增长。一般情况下,真实的用户、活跃用户的数量达到百万级别,或者口碑达到一定的级别,再加上产品真实的美誉度、真实的搜索指数能过万,产品本身好,就能获得用户的自增长。而做用户运营就是为了尽快达到这个自增长点。"所以,当你的产品用户处于拓展期时,为了达到自增长,前期的付费推广也是性价比较高的运营方式。

因此,产品是否适合采用付费推广的方式,最终还是要计算投资回报率,投资回报率一般与两个指标相关:用户生命周期价值(LTV)和单个用户的获取成本(CAC)。

(二)用户生命周期价值

用户的生命周期指的是用户从开始与产品建立关系到与产品彻底脱离关系的整个过程。一般来说,用户与产品建立关系期间会经历4个阶段,每个阶段带来的价值都不同,如图4-2所示。

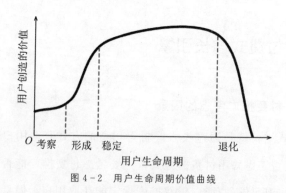

图4-2 用户生命周期价值曲线

考察期:在这个时期用户刚知道产品,会试探性地访问,并进行体验性的尝试,没有深度交互,用户创造的价值往往比较低。

形成期：用户可能已经有点喜欢上产品，产品使用频次增加，花费的时间也逐渐增多，开始尝试做些交互，用户创造的价值持续增加。

稳定期：用户成为产品的忠实用户，他们不仅自己使用，同时可能还会帮助宣传、分享。用户创造的价值到达最高峰并保持相对稳定。

退化期：用户由于某些因素开始厌倦产品，直到彻底离开，用户创造的价值迅速递减。

从图4-2可以看出，用户在形成期与稳定期会给产品贡献更大的价值，所以在计算用户生命周期价值时，只要计算形成期与稳定期给产品贡献的价值，就可以推测出用户生命周期价值。

（三）单个用户获取成本

1. 根据运营经验，参考行业水平而定

运营人员一般根据丰富的经验来确定用户获取成本上限。结合产品在立项前的市场调研情况、产品的优势与劣势、推广方法和同行业相关产品的价格等因素，确定自己产品的单个用户获取成本。以美食产品为例，运营人员在确定用户获取成本时会考虑品牌强弱、价格吸引力等因素，并选择具有特色的产品打折销售，以此确立用户获取成本的基线。

2. 根据用户生命周期价值确定获取成本

假如用户生命周期价值为100元，那么我们获取用户成本的上限就不能超100元，如果超出这个预算，那么产品就无法盈利，最终企业无法获得长足的发展。一家公司想要维持持续发展，通常用户生命周期价值和用户获取成本的比值保持在4∶1比较合适，从而保证有合理的收入。

（四）付费推广

当用户生命周期价值与用户获取成本都确定之后，就是选择付费渠道进行推广。此项工作需要推广运营人员负责。

1. 推广渠道选择

通过哪些渠道进行产品宣传，需要考虑用户定位和产品属性。生活中很多产品线上订购，线下消费。如打车软件、美团网等都是在线上预订服务，线下享受服务。在做渠道推广的时候，首先要定位产品的用户，其次了解产品是否有区域属性。这样才能有针对性地选择渠道。

2. 广告渠道筛选

在信息化时代中，网络逐渐成为大多数人获取信息的主要渠道。大型综合类门户网站、各种自媒体纷纷进入人们的视野，人们能够在最短的时间内了解到各种新闻事件，及时跟踪、互动，甚至深入到事件的任意层次和角度。数字产品因为其网络销售特性，广告渠道筛选时一般选择互联网广告。互联网广告诞生于1994年的美国，可以追踪、研究用户的偏好，达到精准投放。效果可以直接检测，成为广告投放的首选，百度90%以上的收入来自广告。现今最受欢迎的广告为IT、手机、网络游戏等与互联网及数字产品相关的广告，其中最具诱惑力的广告形式是以图像为主的流媒体广告。新的广告形式使企业方便进行即时促销，又可以树立企业的品牌形象。

从广告形式上，互联网广告可以分为搜索广告、展示类广告、分类广告、引导广告、电子邮件广告五大类。

从表现形式上，有网幅广告（包含旗帜广告、按钮广告、通栏广告、竖边广告、巨幅广告等）、文本链接广告、电子邮件广告、赞助式广告、与内容相结合的广告、插播式广告（弹出式广告）、富媒体网络广告、EDM直投广告、定向广告及其他新型广告（视频广告、路演广告、巨幅连播广告、翻页广告、祝贺广告、论坛版块广告等等）。

3. 投放渠道优化

当我们选择在多个渠道投放广告时，首先需要对流量进行标记，这就涉及自定义广告系列。自定义广告系列，即向目的网址中添加参数，用于标记相关链接在你所投放的特定广告系列中的具体位置。当用户点击某个链接时,这些参数就会被发送至所使用的统计工具中,然后运营人员就可以分析用户点击哪些网址后到达了企业的内容。

四、病毒式增长

付费推广的方式能获得用户的线性增长。然而,对大部分初创公司而言,用户数呈线性增长并不足以让其获得充裕的资金,从而持续进行现金补贴获取用户;只有通过产品、技术、运营通力合作,引爆产品,获得用户指数级的增长才能使企业生存下去。Facebook、Youtube、Dropbox 和 Skype 之所以能成功,都是因为采用了病毒式营销,在短期内它们的用户获得了飞速的增长。

(一)病毒营销带来的指数增长

案例:庞氏骗局

"庞氏骗局"源自一个名叫查尔斯·庞兹(Charles Ponzi,1882—1949)的人,他是一个意大利人,1903 年移民到美国。在美国干过各种工作,包括油漆工,一心想发大财。他曾因伪造罪在加拿大坐过牢,在美国亚特兰大因走私人口而蹲过监狱。经过美国式发财梦十几年的熏陶,庞兹发现最快速赚钱的方法就是金融。于是,从 1919 年起,庞兹隐瞒了自己的历史。他来到波士顿,设计了一个投资计划,向美国大众兜售。1919 年,第一次世界大战刚刚结束,世界经济体系一片混乱,查尔斯·庞兹利用了这种混乱,在波士顿注册成立了一家证券交易公司,宣称能通过购买国际回邮券赚取 400% 的利润。由于汇率的原因,这种回邮券在意大利的售价比在美国的售价要便宜许多,庞兹便宣称能够利用这一点赚取差价。

庞兹先给投资者们印发了在 3 个月内送还 50% 的利润的证券。庞兹一方面故弄玄虚,另一方面又设置了巨大的诱饵,他宣称,所有的投资在 45 天之内都可以获得 50%的利润。并且,他还向人们展示眼见为实的证据,最初的一批投资者,的确在规定时间内拿到了其所承诺的回报,收回了本金及额外 50%的利润,从而让这个挣钱的方法迅速被传播开。于是,后面的投资者大量跟进。一年左右的时间里,差不多有 4 万名波士顿市民成为庞兹赚钱计划的投资者,而且大部分是怀抱发财梦想的穷人,庞兹共收到约 1500 万美元的小额投资,平均每个人投资几百美元。

当时的庞兹被一些美国人称为与哥伦布、马尔孔尼(无线电发明者)齐名的"最伟大的 3 个意大利人之一",因为他像哥伦布发现新大陆一样发现了钱。庞兹住上了有 20 个房间的别墅,买了 100 多套昂贵的西装并配上配套的皮鞋,拥有数十根镶金的拐杖,他还给妻子购买了无数昂贵的首饰,连他的烟斗都镶嵌着钻石。当某个金融专家揭露庞兹的投资骗术时,庞兹还在报纸上发表文章反驳这个金融专家,说他什么都不懂。直到 1920 年 8 月,审计员在核账时发现其银行存款尚不及应有资产 700 万美元的一半时,庞兹被警方以盗窃罪逮捕并被判处 5 年刑期,庞氏骗局,就此终结。那么骗局又是怎么流行开来的呢?

1. 设计一款高大上、对用户有价值的产品

第一次世界大战结束后,经济萧条,市民急需寻找到新的财富增长方式,以期把生活恢复到战前的水平。庞兹设计的金融产品——通过购买国际回邮券赚取 400%的利润,是一款"参数复杂"的高科技产品,而且这个产品不需要物质根基,是一款"高大上"的金融衍生品。而用户在意的是产品能给其带来更多财富,并不在意产品到底是什么。

2. 创新传播载体及渠道

任何信息的传播都要为渠道付费,查尔斯·庞兹没有使用传统的推广方法,比如发布广告,而是采用免费的口碑传播的方式。依靠他的口才,编造财富故事,首先寻找到若干位初期用户,类似于种子用户,让他们认购产品,承诺在 45 天之内让他们获得 50%的利润,所

需的花费由查尔斯·庞兹本人承担,这与大部分互联网产品在早期会贴补用户的思路基本一致。尝到甜头的用户会不断向身边的人透露这一致富的方式,通过口口相传,一个纯粹的受众变成了一个积极的参与者。

3. 快速在易感人群中传播

早期用户传播中,每个用户都会结合自己的体验,不同版本的故事沿着用户的关系链不断传递下去。在不同版本的故事传播中,想不劳而获、快速致富的人的传播速度是最快的,他们属于病毒营销的目标用户,即易感人群。他们会不断地拉身边的人进来,把自己置身于一个大众群体中,通过这种认同感来降低自己内心的不安,于是传播渠道便借着有贪欲的易感人群不断地传播(见图 4-3)。

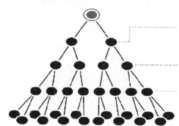

1.第一个月,骗子从两个投资者手里各收取100元。

2.第二个月,他需要给第1层的2名投资者付出利润。这样他必须寻找4名新的投资者。

3.第三个月,他需要寻找8名新的投资者,来为1、2层的投资者付出利润。

图 4-3　病毒快速传播

(二)产品的病毒传播条件

1. 产品为王是根本

产品好坏决定了企业的发展。要让产品迅速得到用户关注,必须打造好产品。产品是运营的根本,产品要能解决用户的痛点,即使与竞争对手相比有明显的优势,也无法避免竞争对手的复制。所以,对运营人员乃至整个创业团队而言,独特、低价、快速地获取用户的方式是永远的课题。如何将产品打造成一款具有病毒潜质的产品是整个初创团队需要认真研究的问题。

2. 有效运营是保障

产品满足用户的需求是根本,但是完全寄希望于产品的优势,没有有效的运营推广也是不可行的。现实生活中,产品达到病毒传播理想状态的概率只有20%,所以运营人员就需要关注路径优化与转化率。此时就需要通过重新优化传播路径,例如虽然产品的竞争力一般,但是通过包装其创始人本身或者与产品相关的故事,并把故事的影响力转化成最终的产品影响力,让普通用户在认可其创始人后爱屋及乌地成为产品的用户。经过路径优化,如果转化率高于之前的转化率,则重新优化的传播路径便是成功的。

3. 洞悉用户心理是关键

如何才能让易感人群参与病毒的传播,从而加速传播产品?不断提升产品体验并洞悉用户心理,是病毒传播最重要的因素。洞察用户心理可以增加用户黏性,满足用户社交、自我实现的高层次需求,形成品牌效应。我们只有真正地洞察用户心理,做到感同身受,才能让用户口口相传,从而加速产品传播。

4. 病毒传播的载体

案例:ALS冰桶挑战

冰桶挑战是美国肌萎缩侧索硬化(amyotrophic lateral sclerosis,ALS)协会发起的一个社交公益活动,协会希望通过名人的影响力,让更多的人关注ALS并为ALS协会捐款。受邀者在网上发布自己被浇冰水的视频,再点名其他人参与。被邀请者要么在24小时内接受挑战,要么选择向ALS协会捐献100美元用于疾病防治。2014年7月4日,新西兰一个癌症协会率先发起了"冰桶挑战"的活动,7月15日,美国职业高尔夫运动员克里斯·肯尼迪(Chris Kennedy)接受挑战,并且指定他的表姐接力。肯尼迪表姐的丈夫患ALS已有11年。之后,捐款或是浇水成了游戏规则。据报道,活动的高潮是波士顿学院棒球队的原明星队长Pete Frates接受挑战。被查出患有ALS的他彼时已经丧失自理能力。他接受了美国ALS协会的邀请,挑战冰桶。之后,他的父母召集200个波士顿当地人,在广场上进行了一次集体挑战,该事件成为当地及全国的热点新闻。随后各路名人纷纷参与,比尔·盖茨、马克·扎克伯格、科比、雷军、周鸿祎、刘德华等各界大佬名流皆迎战。该活动旨在让更多人知道被称为渐冻人症的罕见疾病,同时也达到募款帮助治疗的目的。据报道,从 7 月 29 日到 8 月 18 日,"冰桶挑战"活动已为美国 ALS 协会带来 1560 万美元的捐款,远高于去年同期的 180 万美元。

冰桶挑战事件成功涵盖了慈善、低门槛、名人效应、社交网络等多个因素,其中很重要的一个因素是传播活动的载体——视频。冰桶挑战要求参与者在网络上发布冰水浇身的视频。这个规则背后隐藏了三个极其特殊的要诀:简单快捷可操作;网络发布、冰水浇身;冰和水很容易找到,兜头一倒,全过程不需要一分钟的时间。网络发布容易构成从众效应,同时构成营销传播。网络视频的威力很大,平时难得一见的名人在社交媒体上展示其落汤鸡般的惨状,这满足了大众草根群体的围观心理,吸引了大量的粉丝关注。

选择以不同的载体去"培养"事件,所取得的结果也会有非常大的不同。所以,选择一个恰当的传播载体是非常重要的。在选择传播载体时,最简单的形式通常是视频、音频、图片、文字。

视频的优点在于感染力强,形式多样。互联网分享的四个基本元素是文字、图片、声音和视频,而视频是结合其他三个元素的最基本需求,可供发挥空间更大,所以微视频是一个非常巨大的市场。特别是智能化技术快速发展和广泛应用以及移动 4G 网络延伸,让人们使用手机就可以自由创造视频并随时通过社交网站交流互动。

数码技术的发展和数码产品的普及,让曾经高不可及的视频制作变得普通平常。一个带摄像头的手机就可以让每个人都成为生活的导演。甚至一个小小的自拍杆,就能让一个电视记者完成出镜、采访等复杂的新闻采集任务。对于一个没有任何专业技术知识的人来说,只要拥有一个摄像头,下载一个编辑发布软件,就可以轻松完成微视频的拍摄制作、发布共享。像美图秀秀推出的美拍软件就能在视频录制完成之后,由用户选择不同滤镜和内置模版,很快地生成清新 MV、唯美韩剧、怀旧电影。这种普通微视频方便简易的摄制为其在网络传播奠定了基础。

专业媒体和团队制作的微电影、微纪录片、公益广告等优秀微视频,相对于长篇巨著的大制作,其低廉的成本、高效快捷的制作等优势明显。视频新闻类的微视频也方便传播,只要将消息分割压缩、格式转化就可以上传网络供用户点播,还打破了电视定时播报的局限。

具有简短、灵活、借助网络传播等特点的微视频所表达的内容十分丰富。以视频网站爱奇艺为例,其所收录的微视频就分类为文艺、明星、歌舞、喜剧、爱情、动作、惊悚、悬疑、奇幻、青春、温情、公益、励志、酷儿、广告、体育、社会、恶搞、乡土等等,直接可供点播的微视频达上千部。

与视频相比,图片的制作门槛更低,无论是手绘还是修图,投入都是可控的,其阅读及传播环境也不受网络环境的制约。从阅读形式上来看,图片属于被动式阅读。不像视频从头到尾全部看完才能知道表达的内容,图片是扫一眼即可了解到全部信息,传播效率会更高。但是图片最大的问题在于,它并不像文字与视频有专门的网站来呈现,例如文字内容可以在各个专业的媒体上呈现,视频也可以在优酷、土豆、爱奇艺等平台进行传播(见图 4-4),而图片的分发媒体则少很多,主要通过社交媒体。

图 4-4　部分视频网站

相比另外两种方式,文字的制作成本非常低,随时可以优化效果,而且它的传播可以超越互联网,即通过人们的交谈进行传播,且不易产生歧义。好的广告语或者文章从来没有因为富媒体的出现而衰弱,除互联网外,还可通过报纸、杂志传播甚至是口口传播,其价值不容小觑。

5. 病毒的易感人群

产品在推广过程中需要不断围绕着目标人群进行,所谓的目标人群就是对产品有潜在需求的人群。这些目标用户就是易感人群,他们非常容易对产品着迷,成为产品的忠实用户,并肩负着传播产品的重任。病毒的易感人群通常有:

(1)产品的早期用户。他们可以被称为"原始病毒感染者",肩负着进一步传播病毒的重任。

(2)行业的从业人员。他们活跃在各种社交媒体当中,从博客到微博再到微信,他们一直都处在时代前沿,他们比普通用户拥有更强大的社交互联网,能产生各种话题,对产品和产业有自己独到的见解,并经常提出批评和建议。

(3)意见领袖。意见领袖往往社交范围广,拥有较多的信息渠道,对大众传播的接触频度高、接触量大,具有影响他人态度的能力。他们利用自己的人际传播网络为他人提供信息,将信息扩散给受众,形成"大众传播—意见领袖——一般受众"的传播方式,同时对他人产生影响力。

第三节　用户管理

用户运营人员最重要的职责就是获取用户。因为获取用户太难、太重要，以至于大多数的用户运营人员只盯着用户数、下载量。但是有些用户注册了却不活跃，有些下载了很快就卸载，这些用户并不能给产品的推广带来变化。没有大量有价值的活跃用户，产品的价值也就无法体现，企业就不能实现盈利。

一、早期用户管理

早期用户管理的主要目标是提高用户注册转化率，也就是开源。

（一）如何提高注册用户量

在用户运营的初期，注册的质量是判断后期注册转化成功率的一项重要指标。通常，对应注册用户行为，会有以下关联指标：

1. 注册来源

注册用户的渠道来源。用户通过哪些渠道了解产品？用户注册的动机，就是用户关注能得到什么？同时还要让用户关注不注册会失去什么。用户是通过外部投放的广告落地，还是用户直接在站点或者产品上完成注册？

如果是一个搜狗浏览器的用户看到图4-5，点击查看详情的概率还是比较大的。让用户关注会失去什么比让用户关注会得到什么的转化率要高出很多，这也是被客户端弹窗大战所证实的。那么在登录这个环节，如何巧妙地运用呢，如图4-6所示。

图4-6这个例子的巧妙点就在于将登录和注册后置，当你将大

量要发布的内容填写完成时,到最后一步发现让你登录注册,如果不注册,那对不起,之前辛辛苦苦填写的大量表单内容就要作废了,这种失去本质上是一种沉没成本,所以大部分人会在这个环节上完成注册,转化率就得到提升。

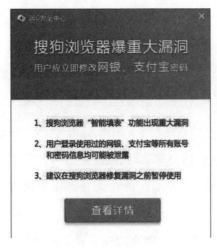

图4-5 关注用户动机

图4-6 用户动机实例

2. 注册转化率

从来源、进入注册流程、完成注册流程的注册成功用户数占所有到达注册页面的用户数的比例就是注册转化率。注册转化率是关系产品是否成功的一个重要指标。

3. 蹦失率

用户浏览第一个页面就离开的访问次数占该入口总访问次数的

比例就是蹦失率。通过该指标可以评估登录页或者活动网站（Minisite）后台的好坏。在用户运营过程中，就需要分析注册转化率与蹦失率指标变动原因，适时做出调整，增加用户完成注册行为。

（二）如何做好注册转化

注册引导是通过引导流程告诉用户产品的功能、产品如何满足用户需求等。根据数据统计，注册引导过程用户流失率较多，每增加一步注册引导，注册转化成功率下降10%。既要介绍产品功能，又要防止用户流失，一般认为注册引导流程可以把握以下原则：

（1）解决用户的最高诉求。在注册引导流程中最大限度地展示产品核心价值，满足用户的最高诉求。

（2）次要功能、锦上添花的功能等到用户进来以后再介绍、再展示。

（3）通过调整文案、功能介绍顺序等不断优化注册引导流程，从而让更多的注册用户真正转化为使用用户。

二、用户过程管理

用户过程管理的主要目标是防止用户流失和提高用户活跃度。

（一）防止用户流失：节流

1. 用户流失的定义

不同产品的用户流失，定义也不一样。如微博、开心网等 SNS 网站，用户一个月不使用一般就定义为流失。像淘宝、京东等电商产品，用户可能 6 个月不使用才会定义为流失。因此，企业应根据自身产品的特征定义哪些用户可为"流失用户"，哪些用户存在流失趋势，及时做出流失预警，分析用户流失前有哪些特征。如注册渠道是否比较集中？地域特征是否比较明显？年龄层是否趋同？行为特征是否比较类似？属性特征是否相同？

2. 流失用户召回

使用较多的流失用户召回手段有：邮件召回、短信召回和通过客户端弹窗通知方式召回等。

邮件召回的优点是发送成本低，发送量大。缺点是网民使用邮箱一般出于工作需要，很少用来联络感情。有些用户注册邮箱多是一次性使用，仅为了注册一个产品的账号。因此虽然邮件发送量大，但是召回效果一般。

短信召回的优点是到达率很高，缺点是成本高，被当成垃圾短信的概率高，容易导致用户投诉，所以须慎用。

信息推送的优点是可根据用户的兴趣把产品的信息推给用户，针对性强，到达率高。缺点是对用户形成干扰，用户会对推送的信息变得麻木。

如果要召回流失用户，不管运用哪种手段，都要让用户觉得推送的信息是礼物，让用户有兴趣而不觉得是骚扰。在推送过程中要注意产品特性。如团购、电商类产品，用户对产品的需求是便捷、实惠、安全。用户感兴趣的一般是优惠活动，推送的时候注重满足用户发现折扣活动的需求。如微博等 SNS 类社交产品，用户对产品的需求是交友、话语权、资讯获取。因此推送关注的是有新的朋友找到你、感兴趣的热点等。虽是主动推送，但是解决的是用户不在网期间，发现他希望在此产品上想要得到的东西。

（二）提高用户活跃渡：促活跃

促活跃主要是让不活跃的用户变活跃和保持活跃用户的活跃度。促活跃一般结合防流失，防流失是把用户留住，促活跃就是让留住的用户变活跃。

根据用户注册时间制定促活跃措施。刚注册的用户，对于产品还处在摸索期，用户耐心相比注册的时候要好很多，可以展示为了吸引用户注册在引导流程中砍掉的锦上添花的功能介绍。通过产品功能引导用户参与产品活动,让用户感觉自己被关怀,可以快速培养产品认知度和忠诚度。

针对注册时间较长的老用户,需要做更加细致的分析。如果是曾经活跃过,现在热情下降的用户,就需要重点分析其活跃度下降的原因。如果是一直不活跃,也要分析其不活跃的原因。保持用户的活跃度,基本原则是尽量减少运营层面的打扰。因此,我们在制定某些产品运营策略时,需要考虑对用户是否存在打扰。

三、核心用户管理

(一) 核心用户的导入准则

1. 确立核心用户的聚集区

(1)新浪微博、微信公众平台等偏平台型的产品。无论你的核心用户是哪个领域的,都能在微博上找到。虽然微博已经过了红利期,但是加 V 用户因为拥有大量的粉丝,活跃度仍然很高。而原创公众号的运营者大多也是符合核心用户的定义的。

(2)垂直媒体。从站酷到好大夫,再到品途网,这些趋于金字塔形的稳定的产品中有大量有价值的用户。

(3)机构。在律师事务所、医院等机构中,有大量的资源可供挖掘,寻找合理的方式与这些机构达成战略合作,将极大地降低核心用户的导入压力。

核心用户的聚集群,包括微信群、QQ 群、邮件列表、俱乐部等。如果产品所处的领域暂无垂直媒体或机构,则总会有一些人把这些志趣相投的人聚合在一起,多花时间去整理这些资源会有很多收获。

2. 如何导入

导入核心用户的重要环节是如何说服他们成为产品的核心用户。这时,产品的核心价值以及产品本身的愿景便是最能打动他们的原因。如果导入工作仍旧无法顺利进行,最简单的办法就是回到到底导入谁的问题上,然后往下推进。反复循环之后,你会发现,能导入的名单会越来越多,正如淘宝在一开始无法搞定阿迪达斯和耐克,但是现在连苹果都入驻了天猫。2010 年 8 月 15 日,阿迪达斯在淘宝商城(现在的天猫)的旗舰店开始试运营,可见核心用户运营的导入并非难事,对核心用户运营人员而言,一切都只是时间和信心的问题。

(二)核心用户的运营

核心用户运营也就是给核心用户提供价值。核心用户的运营是无法依靠坑蒙拐骗来维持的,一般核心用户在自己特定的领域里都有一定的经验积累,相比而言,他们会跟着有价值的产品走。核心用户会根据自己的意愿去筛选产品,从而达到自己的目的。他们对于初创产品的态度是与其一同成长,对于成熟产品的态度是借助其满足自己的需求。所以无论产品处于什么阶段,核心用户运营的根本就是让他们感受到产品的价值。这一点对正处于高速发展阶段的产品而言尤其重要,因为核心用户运营人员就是要借助这些核心用户打造产品的价值。具备成为核心用户资质的用户在选择产品时,会经历"分析—体验—感知—持续投入"的过程。

(三)核心用户运营的陷阱

核心用户运营人员通常会倾注大量的资源给核心用户,但是这些支持是有底线的,其中产品是最重要的底线。在进行核心用户运营的过程中,运营人员会为核心用户联系讲座,会利用网站首页、微博、微信等能覆盖的一切资源帮他做推广,甚至是付费购买百度关键词等。但是一旦涉及产品层面的支持时,就需要冷静思考这是核心用户的需求,还是所有用户的需求。比如,教育网站的核心用户需要上传试题的功能,需要批改作业的功能,需要给学生群发私信的功能,核心用户会站在他们使用产品的角度提出很多产品需求,但是如果这些需求与产品战略相悖,那么运营人员就要考虑需求的可行性。

在核心用户运营的环节中,要深知价格优惠、礼品赠送等迎合用户的手段只是维系关系的一种手段,并不是核心,核心用户愿意长期使用一款产品,主要是因为产品有价值,并且这个价值正好是核心用户所需的,而并非是得到了什么礼物。

思考题

1. 不同用户的活动方式有哪些。

2. 用户增长的方式有哪些。

3. 核心用户如何管理。

·第五章·

数字产品内容运营

本章引言

　　在互联网上,我们每天都可看到海量的信息,而企业的信息怎样从大量内容中吸引人们关注,内容运营是产品运营的重要手段之一。如何通过运营巧妙地将高质量的内容准确有效地呈现给用户,这就需要掌握内容运营的技巧。本章通过介绍内容运营内涵、不同内容的特点和类型,使读者了解内容生产、推荐、审核机制,掌握内容运营运作流程和不同平台的内容运营技巧。

本章重点和难点:

　　内容特点、内容生产、内容运营技巧

教学要求:

　　了解内容运营的基础知识,掌握内容运营方向选择,内容生产机制、推荐机制和审核机制。掌握不同平台内容运营技巧。

·本章微教学·

第一节　内容运营概述

2015 年以来,视频、音乐版权大战,微信公众号开始保护原创,IP内容被定为腾讯的重要战略之一,移动互联网"内容为王"的时代已经到来。

一、什么是内容运营

现在很多人每天花很多时间浏览网页与 App,本意是利用碎片化时间,生活却在不知不觉中被内容碎片化。当我们打开电商网站,会看到琳琅满目的商品列表,列表有各种商品的具体信息,有图片,有价格,有商品促销文案,有用户评价、打分、晒单、讨论,有些还有打折信息。当我们打开网易门户,看到了各种新闻,有文字、图片与视频。当我们浏览企业政府、官网或门户网站,可以看到各种新闻、法规、政策、企业产品介绍、政府职能的描述。当我们来到搜索引擎,搜索了一个关键词,可以得到很多结果,每个结果都有许多描述。当我们去贴吧,寻找自己喜欢的主题,可以参与讨论,可以默默浏览(见图5-1)。在互联网上,我们浏览的信息都是通过内容为用户提供服务,内容类型不一样,设计角度不一样,带给用户的感知效果就不一样,参与互动的方法也不一样。如新闻网站,其主要内容是文字和图片;爱奇艺视频网站,其主要内容就是视频;淘宝网站,其主要内容是商品的展示情况;学而思教育类网站,其主要内容是课程。内容运营在我们的生活中随处可见。

有人认为内容运营就是编辑文章、发发帖子,这样理解是片面的。内容运营是指通过创造、编辑、组织、呈现网站内容,从而提高互

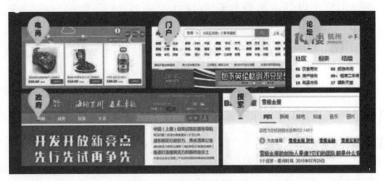

图 5-1　内容运营无处不在

联网产品的内容价值,使用户对产品内容产生依赖。用户在使用过程中对产品提出更多更高的要求,又促进企业提供更好的产品内容(见图 5-2)。

图 5-2　内容运营

二、内容的特点

内容生产需要用户有一定的积累才能生成,不同产品的内容有轻重之分。

轻内容就是指产品内容运营过程中大多依附于其他产品,无法独立存在,所花费的时间和人力成本相对较少,人人都可以输出。例如网易跟帖依附于网易新闻。

重内容通常是由专业的团队协作完成的,并且内容本身的价值就非常高而且产量相对较低,例如电影、电视剧等。这类运营需要较高的技巧,除需要有品牌影响力、用户数量外,还需要版权费用。本文所介绍的内容运营不包括这一部分。

轻内容和重内容之间的就属于普通内容。普通内容产品中,仅有部分用户可以创造出符合产品特性的内容，大部分用户都是在消费内容。

普通内容通常具有以下 4 个特点：

第一，内容创作的难易程度稳定。例如写一篇推广文章，即使产品改进到了极限，对创作者来说，还是需要整理思路，字斟句酌，对创造者的依赖非常大。

第二，投入成本较高，产量较少。用户写一篇文章、回答一个问题或者剪辑一个视频都需要投入一定的时间。因此，如果产品没有很好的激励机制，就不利于用户持续创造内容。

第三，内容通常可以自传播。一篇好的内容很容易被分享，转发率高。内容质量越好，自传播的速度与周期就越快。

第四，内容通常可以直接定价。例如对于网络小说、百度文库、公开课等内容，用户已经习惯为之付费。

知识百科—问答—商品页面—文章—简历—设计作品—网络小说—公开课—视频，这是内容从轻到重的产品排序。

三、内容供应链

内容生产者是网站与产品内容的发动机，是保证内容流转效率和网站与产品转化能力的动力。内容运营主要解决原始素材从哪里来的问题，内容由谁来提供，提供什么样的内容，能否为内容消费者所喜爱。这一点和电子商务很像，某品牌定位的是儿童客户，那么它进货定位就是儿童，不会是成年人；某品牌定位的是大家电，那么它就不会接受手机、相机等产品。数字产品也是一样，某旅游网站，提供的肯定是各地旅游信息。数字产品平台上，可以自己提供消费者感兴趣的内容，也可以请意见领袖、行业精英、产品用户等提供，但不管谁提供，都是内容生产者。不管内容生产者是人还是机器，都需要定时维护，以确保内容生产者持续提供内容。

确定提供什么样的具体内容。收集好原始素材,开始内容再加工过程。从选题、编辑、创作、排版到发布,将内容组织成需要对外呈现的形式。这是内容产品的生产过程,这个环节的把关将决定内容质量的高低。

内容产品需要标准化。对于我们熟悉的领域,我们可能看到一篇文章就能够揣测到出自哪一个公众号,因为其风格已经塑造成这个公众号品牌的隐形标签。内容"标准化"输出,形成自己的风格,不仅可以提高内容生产的效率,也可以在一定程度上为输出的"内容产品"打上 logo,产生品牌效应。

内容消费者要定位准确,它决定产品聚焦的用户群体,是内容消费人群描像的关键。比如时光网的内容消费者定位是电影爱好者,B站早期偏向动画、漫画、游戏(Animation、Comic、Game,ACG)爱好者的聚集地。内容消费者的定位是动态的,要根据用户规模及时进行调整(见图 5 - 3)。

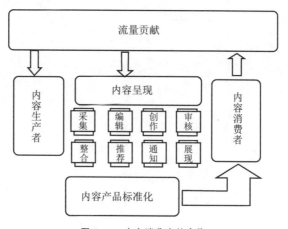

图 5 - 3　内容消费者的定位

四、内容核心数据

内容的展示数据,包括内容覆盖人数、被点击次数、页面蹦失率、内容页面停留时间的长短等,是了解内容的最基础的数据,内容运营者可以通过数据,分析内容是否为网站(产品)的运营推广提供了帮助。同时通过数据掌握原来内容与用户的契合度,从而改进内容的类别、质量。

以一篇文章为例,这篇文章的链接被点击了 200 次,其中,100 次点击停留的平均时长为 20 秒,20 次是点击后直接关闭网页,另外 80 次点击停留的平均时长是 3 秒。通过数据分析知道,文章的质量还是不错的。再分析不同的用户感兴趣的文章类别,由此改善内容的类别和质量。

内容的转化数据,包括内容中付费链接的点击次数、付费成功次数,页面广告的点击次数、广告的停留时间、二次转化成功率等。它一般用于判断内容促进用户的转化率。以网络小说阅读为例,能否把用户从免费阅读转向付费阅读,就是内容的转化数据。

内容的分享数据是内容的分享频次和分享后带来的流量统计。分享次数越多,说明内容越好。分享数据可以说明内容对用户的价值。

第二节　内容精细化运营

一、内容运营方向选择

产品尚未上线时就需要运营,这样才能实现产品设计、技术与运营的无缝衔接。确定内容运营方向之前要了解以下问题:

了解用户。图5-4中,年龄与平均收入有关联,例如大学生的收入普遍是比较低的,主要来源于父母,推荐的产品就价廉物美。社会地位和职业可以反映用户需要解决的主要疑问。如白领,解决工作上的苦恼、如何在职场中脱颖而出等,这些用户画像的维度都成为内容的影响因素之一。用户最常问的问题是什么?这些问题以哪些领域为主?这些问题是否是刚需?用户付费的可能性有多少?这些都值得去关注。

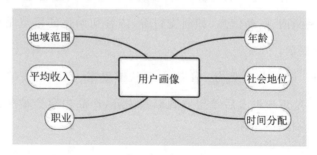

图5-4　用户画像思维导图

市场中还有哪些空白?竞品分析是非常有必要的。目前完全空白的细分市场非常少,要分析竞品的内容特色是什么,留给自己产品的发展空间还有哪些。根据之前的调研和自己的经验,投放这些问答素材,收集阅读、评论、转发的数据,监测相应的衍生话题数据,分析数据并确定内容运营的重心。

二、内容初始化

内容初始化是内容运营初期的核心部分。它是在构建好的内容框架下,第一批种子用户使用产品之前,去填充一些内容,这些内容代表着网站与产品的价值观,决定你的产品可以吸引来什么样的用户。

内容初始化前须解决以下几个问题:

第一,确立好内容面对的初始目标用户群,越细分越好。针对目标用户,确定输出相应的主题。

第二,确定第一阶段用户内容须解决的问题。要清楚产品初始阶段如何通过内容去留存种子用户,清楚知道准备运用哪些运营手段,保证种子用户的活跃度。

第三,关键路径引导与初始内容准备的用户参与。新用户进入后要有引导文案,让新用户知道具体运营内容,如何参与等。对于社区型网站或者产品,可以是自己作为用户或者定向邀请一些种子用户开始做内容填充。如交易型的网站,其对应的关键路径,可能是注册和交易指南、商品信息、如何支付等,内容初始化的重点是商品信息、图片展示。

第四,确立内容架构。解决内容从哪里来、到哪里去的流程问题。想清楚用户进入后希望看到哪些内容,产品内容会被分到哪一级目录之下。

三、建立内容输出机制

如何使产品的优质内容持续输出?内容运营人员需要寻找用户关注度高的话题。常用的手段是可以通过技术抓取、收集某一个细分领域的文章,形成素材库,对话题的热度进行排序,整理出需要关注的内容。运营初期,内容运营人员需要调动多方面的力量参与到话题的填充和讨论中。比如带领公司的同事填充热门话题,邀请用户参与讨论。其中邀请早期用户参与话题讨论,是建立持续的内容输出机制的一个重要手段。就像淘宝用户非常注重客户评论,因为其可以实现流量的转化。

邀请早期用户要注意以下几点:首先,邀请的用户要有代表性。邀请的用户至少是在某个领域有一定的权威性,要有持续的内容输出行为。其次,用户间需要有某种联系。同属于一个圈子,或者在生活中有联系,或者工作中有交集,这样在输出内容的时候,用户之间的观念就会有更多的碰撞,可以更好地分享给其他用户。再次,用户能持续产生优质的内容。邀请的用户要对这个领域有研究,善于表达,在出镜的时候能坦然面对。最后,用户认同产品的价值,愿意持续地跟着产品一起进步。

四、内容生产

(一)原始内容生产

内容型产品早期一般由以下人员来生产内容:

1. 社区编辑

在产品早期阶段,社区编辑一是编辑产品内容,二是到各个社区去私信或者发帖邀请达人来编辑内容。运营人员需要到热门社区,如豆瓣、新浪微博等,找到相关的达人来做社区的早期用户。

2.创始人或投资人

产品的创始人或投资人一般在自己产品领域会有优秀的人脉资源,在内容的预运营阶段最好是自己编辑＋亲自监督＋亲自邀请。如投资人李开复为知乎拉用户。

3.朋友

邀请自己的朋友来社区玩,一是能够让他们为产品产生内容,二也是方便让朋友知道自己在做什么。通过朋友的体验反思自己的产品到底是否符合用户需求。

4.真实用户

邀请代表性用户,可以通过利益驱动用户来社区贡献内容。比如可以在社区加一个置顶帖:"凡是在社区发布原创精华帖的用户一篇奖励 5 元,每周选出 5 名贡献值最大的用户奖励 1000 元。"适当的物质奖励可以调动用户的积极性,从而扩大产品的影响力,这在产品初期非常有必要。

(二) 内容生产模式

内容生产主要有三种模式:专业生产内容(Professionally-generated Content,PGC)、用户生产内容(User-generated Content,UGC)、职业生产内容(Occupationally-generated Content,OGC)(见图 5-5)。

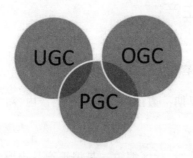

图 5-5 内容生产模式

模式区别：UGC 和 PGC 的区别,是有无专业的学识、资质。PGC 和 OGC 的区别,以是否领取相应报酬作为分界:PGC 往往是出于"爱好",义务贡献自己的知识,形成内容;而 OGC 是以职业为前提,其创作内容属于职务行为。UGC 和 OGC 一般没有交集。

1. PGC(专业生产内容)型

PGC 型平台的内容运营对内容掌控严格,采取审核＋推荐,或者专题集合的形式,进行内容展示,主要覆盖了单篇内容、内容聚合、内容索引三大块。PGC 是企业或机构自产内容,一般适用于内容量少的产品,这类平台主要有新闻单位、非新闻单位网站或者平台,基本是走媒体型的路线,可以进行原创、伪原创稿件、专题栏目制作等。现在的专业视频网站、高端媒体等大多采用 PGC 模式,内容质量有保证。单篇内容,如一篇文章、图片等,是内容的最小单位。内容聚合是靠专题、相关推荐等手段,打包呈现内容给用户,如图 5-6。

图 5-6　网易云音乐官方歌单

内容索引是用分类、算法推荐、信息流等方式迎合用户的需求,例如亚马逊首页的"为你推荐"。

2. UGC(用户生产内容)型

UGC 型一般采取个性化关注定制和机器算法推荐,让用户自己生产内容自己消费。UGC 并不是就让用户在论坛发帖、灌水。运营人员要做的是引导用户群自发生产产品的内容,如企业产品刚投入市场时,运营人员通过注册多个小号,不断寻找话题,发帖、讨论,营造社区热闹的氛围,吸引其他用户进入话题讨论,接着鼓励用户在其他社交媒体上发布内容,让更多用户进入社区,保证内容持续供给。

案例：小红书

小红书成立于 2013 年,通过深耕 UGC 购物分享社区,短短 4 年成长为全球最大的消费类口碑库和社区电商平台,成为 200 多个国家和地区、5000 多万名年轻消费者必备的"购物神器"。截至 2017 年 5 月,小红书用户突破 5000 万人,现已成长为全球最大的社区电商平台。2017 年 6 月 6 日,小红书 4 周年当日,开卖两小时即卖出 1 个亿,在苹果 App Store 购物类应用下载排名第一。最开始它只是专注跨境分享的移动社交平台,而现在登录小红书不仅能看到"明星带货",还有一些用户日常分享的健身、美容、美食等各个领域的内容,大家可以根据用户分享的内容找到自己感兴趣的东西。

当越来越多年轻人成为社区的主流用户,小红书的作用不仅仅是为用户提供购物的平台,更多人是为了在小红书里分享原创内容而来,这里是年轻人展示生活方式的平台,这也日益成为小红书最大的潜力所在。

对于小红书而言,对内容的专注是获得阿里、腾讯等资本青睐的最主要原因,也是小红书接下来用户规模增长和企业持续发展的动力。

3. OGC(职业生产内容)型

OGC 型是以职业为前提,其创作内容属于职务行为。生产者有着一定的准入门槛,一般是具有一定知识和专业背景的行业人士,如视频网站的编辑、新闻网站的编辑记者等,能够服务于具体的信息平台,按照生产规范进行内容生产从而获取报酬。其特点是专业化、职业化和有偿性。

(三)内容生产关键词

1. 生产内容时要记得时时问 5 个问题

Q1:内容是否方便用户阅读。该问题从内容结构入手,要考虑内容结构是否清晰,内容问题是否细分,每部分内容论点是否清晰。

Q2:内容是否方便用户理解。该问题从内容表达入手,要考虑内容是否采用恰当表现形式,内容是否阐述清楚事情的来龙去脉,内容能否被目标受众清晰理解。

Q3：内容能否吸引目标受众。该问题从内容目标出发，要考虑内容是否提供了目标受众评论的渠道和行动方式，是否提供了相关内容的链接。

Q4：目标受众是否会去分享你的内容。该问题从内容传播角度入手，要考虑内容能否激起受众情绪反应，是否提供了便捷的分享方式。

Q5：你的内容是否容易被受众找到。该问题从接触目标人群出发，要考虑内容标签是否清晰完整，内容标题、摘要、关键词等是否完整，是否与其他相关内容进行了互链。

2.3R法则

重新组织（reorganize）。根据不同用户喜好选取适当的形式展示产品内容。有些用户喜欢信息图的表现形式，有些倾向于PPT，有些喜欢视频，有些喜欢图片。所以，可以选取适当的内容将它们以不同的形式展现出来。

重新编写（rewrite）。对有价值的话题可以进行深入探讨。一般来说，重新编写比原创省时省力。如可以更新、添加最新的数据，可以更新过时设计，让设计符合当下的流行趋势。

撤除过时内容（retire）。已经过时的内容会损坏企业的形象，会使目标受众降低对其他优秀内容的评价。

五、内容推荐制度

内容推荐对内容运营人员而言是一项很大的挑战。什么样的内容值得推荐？每个产品的内容运营人员都有不同的看法。在符合产品气质的前提下，能吸引大量用户点击的内容才算是好的内容。符合产品气质的内容，有利于普及产品的价值观，吸引大量志趣相投的用户参与内容的制作。产品以氛围聚集用户，用户的选择可以印证内容是否有足够吸引力。常见的内容推荐方式有三种。

（一）热门推荐

热门推荐是一种省力而讨巧的推荐方式。最常见的是"排行榜"形态。要给用户展示平台上最热门的内容。但是要注意热门的内容在各平台上往往相似,很多新内容无法给用户展现。所以热门推荐只适用于早期运营阶段,产品成熟后则成为一个产品模块即可。

（二）编辑推荐

随着产品的日益成熟,用户持续增长,编辑推荐成为首选。其逻辑是基于平台对于自身运营人员能力的自信,认为官方编辑推荐的内容是用户喜好的。

编辑推荐的内容要根据数据分析、用户反馈,不能凭主观意愿。推荐的内容一般是新鲜、优质的。理想的正向循环是,编辑推荐优质内容,阅读量增加,成为热门内容,进而热门内容会不断轮换。

（三）个性化推荐

个性化推荐常见于音乐、视频、新闻、电商等大平台,如天猫的个性化商品推荐。个性化推荐常见的三种方式:

一是基于用户的推荐(user-based),找到相似的用户看他们消费了什么内容,然后推荐给该用户。

二是基于物品的推荐(item-based),根据用户消费的内容、查找过的信息找到相似的内容进行推荐。

三是基于物品特性的推荐(modle-based),根据消费过的内容提取特征,找到更多相似的内容推荐给用户。

六、内容审核

平台上的内容要符合国家法律和政策规定,比如色情、暴力、反动等违法信息是不允许传播的。当一个平台上充斥着垃圾信息时,不仅影响产品体验，而且用户会因为低质量信息而离开。

内容审核有两种机制，一是先审后发，二是先发后审。

（一）先审后发

先审后发指的是平台先审核用户上传提交的内容，符合平台规则才能发布。优点是内容信息质量较高，缺点是信息的流动性慢和时效性弱，平台的工作量很大。目前绝大部分内容平台采用机器审核与人工审核结合的方式，机器审核主要是设定一些敏感关键词和特殊逻辑，内容一旦出现，机器自动判定审核不通过。

机器审核可以大大降低内容运营人员的工作量，但很多从业者会想办法突破平台设置的敏感关键词规则，所以关键词库和逻辑需要不断完善。

（二）先发后审

先发后审则是一种事后处理方式，优点是信息及时流通，时效性强。如百度贴吧主要以先发后审为主。对用户新发的帖子，首先机器会扫描一遍是否符合标准要求，对不符合内容标准的帖子，由吧务管理团队进行删除或者封禁处理。

第三节　内容运营技巧

一、公共平台内容运营技巧

先定位。根据产品自身品牌调性、产品针对的受众来确定公共平台所要运营的内容的特色。比如内容运营的品类是化妆品，那么内容不涉及美肤而聊政治就是定位错误。

快速测试，获取反馈。主要是测试创作或者采集的内容用户是否喜欢，是否感兴趣，如果用户反馈平平，那就多试几次并及时进行调整。

培养用户的习惯。固定的发布风格、固定的内容发布时间非常重要，可以培养用户定时查看的习惯。

做好长期运营准备。有句话叫"一个人做一件好事不难，难的是一辈子都做好事"，内容运营也是这样，要坚持不懈。

保持与内容消费者互动。坚持每天都与来消费内容的用户互动，这样才能留住消费者。

内容多做原创。抄来的内容不能保证自己的个性，原创的内容契合产品调性，与受众口味相符，容易引起共鸣。

二、自媒体内容运营技巧

自媒体内容运营一般通过文章、图片和视频的方式进行。当你输出的内容获得了一致好评，用户产生了共鸣，运营的目的就达到了。

（一）文章运营

1. 做好内容的规划

一定要提前在脑海里规则好内容,而不是说要写文章的时候再去规划。写文章的灵感也来自于平时慢慢积累,平时搜集素材多,才能做到灵感来了就下笔!

2. 内容选择关注用户动机

有价值的内容之所以受到用户关注,是因为对用户有所帮助,用户能获得想要的信息。所以内容的选择要关注用户动机,要能满足用户需求。

3. 内容领域选择要明确

领域选择不仅要结合自身还要结合用户画像,最好结合自身特长选择熟悉的领域,在文章输出时不会因为素材不足或者是不熟悉的原因导致内容输出困难。内容领域要事先规划,内容是根据目标用户进行定位的,内容领域一旦决定轻易不要改动。如果不考虑自身定位,只考虑哪个领域热门就去运营哪个领域,即便关注度高,也会因为粉丝不够精准,后期利益转化困难。

4. 内容形式差异化

内容形式的差异化是要求进行创新,文章内容要具有较高的辨识度。要注意,多写自己熟悉领域的内容,尽量减少负能量的内容,多写充满正能量的内容带给读者。

5. 发文技巧

想要获取平台更多推荐,首先你就要保障内容的原创度,平台会对内容进行"消重",内容重复率过高的话,是容易被限流的,在发文之前最好是使用工具进行检测,如通过易撰对文章原创度进行检测,就可以很好地检测内容的原创度,以争取更多的推荐。再就是如果文章存在安全问题,平台是直接审核不通过,就会浪费时间和精力,标题是否有错别字这些问题都要检查清楚,别降低用户体验感。

（二）图集运营

图集不需要写作技巧，只要图片能够吸引人。对图片进行描述的文字只要简明扼要，能说明清楚就可以。图集运营重点是放在图片上面。在图片的选择上，要尽量使用原创，如果是去网络上搜索选取，注意不要侵权。

案例：闲鱼

闲鱼在科比告别赛当天做的启动图，文案是"永远和你在一起"（见图5-7）。意思是虽然科比不在球场上了，但我们还在。虽说不是特别贴切，但至少把热点和产品结合起来了，能看出运营这块是有策略的。

图5-7　闲鱼

（三）音频视频运营

音频视频只要逻辑思维清晰,把内容录制、拍摄清楚,再打上需要的字幕就可以。整个过程与写文章关联不大,适合不擅长写作的自媒体平台。

三、内容流转技巧

如何使内容健康、持续、有价值地流转? 如何让内容消费者尽快地找到运营的内容? 内容运营者需要关注以下问题:

第一,内容消费者是谁?

第二,他们通常在什么地方活跃?

第三,他们的习惯是怎样的?

第四,最近他们在关注什么热点?

第五,我需要提供什么才能让他们注意到我,喜欢上我?

对于内容运营者来说,要让内容制造者持续地产生内容,就要尽量避免在一个时间段内,带来与内容制造者产生的内容类型、质量不匹配的内容消费者。

四、内容运营反馈和跟进技巧

内容跟进策略是指及时地了解某一内容获得的阅读和转发情况,根据内容阅读量的多少,对这一类内容进行调整。内容运营的反馈机制和跟进策略应注意以下几个方面。

第一,内容的采集与管理,必须考虑用户需求,要提供消费者感兴趣的内容。

第二,反馈机制和跟进策略要根据平台的不同,运用不同的展现方式。

第三,既要重视数据挖掘机制,更要重视数据挖掘之后的反馈与跟进。

第四,内容不是一成不变的,它需要调整与提高。

第五,内容运营必须要有关键绩效指标(Key Performance Indicator,KPI),并认真分析 KPI 各种指标的亮点和问题,如曝光度,作为指导下一阶段内容运营工作的依据。

案例:从 QQ 音乐看内容运营框架的运用

(案例选自微信公众号:LjNotes)

QQ 音乐是国内最大的音乐平台之一,在 2015 年 9 月中旬日活跃用户数量(Daily Active User,DAU)突破一亿,是一个海量内容和海量用户的典型平台,研究其内容管理具有很强的参考价值。

1. 内容生产:PGC 方式生产内容,坚持正版化道路

音乐行业是受盗版影响最深的行业,音乐人从音乐作品上基本得不到应有的回报,只能从其他地方赚取收入,整个音乐市场比较低迷。在这样的背景下,几大音乐平台作为领头羊逐渐举起了版权大旗,QQ 音乐是其中做得比较好的一家。

音乐平台的根基是内容,也就是音乐作品,QQ 音乐首要解决的问题也正是建立稳定的内容生产来源。由于音乐制作门槛非常高,内容生产方式几乎都是 PGC。QQ 音乐与国内外的几大唱片公司签订了版权协议,把音乐行业拉向正版化,使得音乐人得到利益回报,有动力继续生产高质量的音乐内容,如此以往,音乐人、平台方和用户三者都受益。

2. 内容入库管理:国内最大的曲库管理实践

目前 QQ 音乐曲库中的歌曲已经达到 1500 万首,是国内最大的曲库。面对如此巨大的曲库,QQ 音乐配有专门的入库团队和自动化处理程序,一首歌曲的演唱者、专辑名称、发行日期、曲风、分类等等几十个结构化信息都会在入库时就处理好。完善的结构化信息是后期内容推荐的基础。

3. 内容推荐：编辑推荐、热门推荐、个性化推荐相辅相成

在 QQ 音乐中,音乐馆的推荐模块是编辑推荐,人工干预力度较大,主要推荐新歌和应景的歌单。排行榜属于热门推荐模块,都是算法计算出的结果,反映了平台用户最喜欢的歌曲。猜你喜欢是个性化推荐,经历过多次改版后,目前已成为国内领先的个性化推荐系统,具有非常好的口碑(见图 5－8)。

图 5－8　内容推荐

思考题

1. 内容运营中的核心数据如何解读。

2. 结合案例分析内容生产过程。

3. 不同媒体的内容运营技巧。

·第六章·
数字产品活动运营

本章引言

　　活动运营,是数字产品运营推广中的一项重要举措。不同的网站和产品,会做不同类型的活动。如何做一个有价值的活动,是本章内容需要解决的问题。本章主要介绍活动前运营人员应该做好哪些活动策划工作,开展活动的理由、活动策划设计原则和活动主题等;活动过程中要掌控活动的节奏和及时解决活动产生的风险;活动结束后要进行及时归纳总结,评价活动效果。

本章重点和难点:

　　数字产品活动策划

　　数字产品活动风险控制

　　数字产品活动效果评价

教学要求:

　　了解数字产品开展活动的理由,活动策划设计的原则,活动成本预算,掌握活动策划的主要内容。了解提高活动效用的关键点,掌握活动运营主要风险点。掌握活动效果评价。

·本章微教学·

第一节 活动策划

作为一名运营人员,经常会组织各种活动,来提高产品的知名度。活动运营(operating activities)是指公司通过策划不同活动,活跃原有用户、吸引潜在用户,从而提高产品知名度和品牌度,最终提高产品销售量。活动运营包含活动策划、活动实施以及嫁接相关产业打造产业链。

一、开展活动的理由

(一) 时间理由

(1) 法定节假日。比如中秋节——团圆节;十一——国庆七天乐。如支付宝集五福活动,时间节点刚好是春节(见图6-1)。

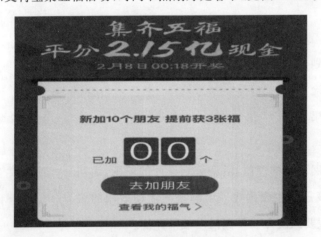

图6-1 支付宝集五福活动

(2) 季节变化。商家利用季节更替会进行打折、清仓大甩卖。

(3) 某个特殊的日子。比如,淘宝的双11、京东的周年庆、用户的生日等。

以时间为理由做各种活动,哪怕不是很有价值的活动,用户也会因为日期的特殊性,愿意来参加,比较容易获得用户的认同。

(二)产品本身的理由

基于产品属性,从产品本身角度策划活动。玩网络游戏的朋友,一定见过"战场排名"之类的活动。企业推出各种活动,策划人员对产品要有足够的理解,抓住用户最感兴趣的点去进行组织和引导。

(三)结合社会热点开展活动

社会热点往往能获得很高的关注度,可以结合产品属性作为活动素材去设计活动。如奥运会、世界杯等,与体育相关的产品可以设计相关活动(见图 6-2)。

图 6-2 支付宝:"猜世界杯 赢蚂蚁积分"

(四)自造热点

这个难度有点高,不仅需要经济实力,而且需要一定的品牌号召力。成功的案例是淘宝的"光棍节、双 11"活动策划。

二、活动规则设计

活动的规则简单来说就是："流程简单少思考，文案清晰无歧义。"

在设计活动规则的时候，要注意活动主题与理由要相匹配。如你要在夏天处理冬天的大衣，活动的主题不能是"清凉一夏，清仓处理"。活动规则设计上，要做到让用户操作方便（见图6-3、图6-4）。

案例活动一：美团外卖红包促销

图6-3　美团活动

案例活动二：肯德基K记毕业大趴活动

抛开页面设计，单看活动规则，肯德基活动的文案是不是显得有点啰嗦？美团的红包元素是否更适合中国用户的习惯？

从个人角度上去看，活动规则的设计，很大程度上决定能否吸引用户来参与活动。在这方面，要注意以下几点：

人人有奖的效果并不一定比抽奖更好。

抽奖的设计要简单，过于复杂会影响效果。

活动规则要简单，太复杂会导致用户离开。

采用游戏化或任务化的设计，增加趣味性，能增强用户的参与度。

一个好的活动设计还需要进行活动宣传，没有好的宣传往往会影响活动效果。

图 6-4　肯德基活动

三、活动策划主要内容

（一）确定活动主题

活动主题的选择，关系用户对产品的初步印象，关系能否第一眼吸引用户。自媒体视频脱口秀《罗辑思维》主讲人罗振宇和 Papi 酱合作，在包装 Papi 酱视频贴片广告时，其打造的拍卖口号是"中国新媒体世界的第一次广告拍卖"，用户可以通过互联网"边看直播边出价"，在新媒体"第一"上做文章，制造轰动效应。

（二）明确活动对象

明确活动目标用户群，类似于目标用户定位，就是确定哪些人会有可能参与到你的活动中来。比如小米、网络游戏等产品活动都喜欢在微博、微信、社区论坛中发布各种活动，主要原因就是其活动对象一般以年轻人为主，而那些地方是年轻人的集聚地。

（三）活动时间

活动时间的安排很重要，注意时间的选择要契合主题，可以挑选和活动主题相关的时间作为活动日期。比如图 6-5 王者荣耀活动，畅玩七月三大盛典，就安排在暑假。到了七月这个燥热的时候，小伙伴们就算放假也不乐意出门了，待在家里吹空调是多舒服的一件事啊。而王者荣耀也推出了三大盛典活动，让大家"宅而不腻"，每天和小伙伴开心畅玩。

图 6-5　王者荣耀活动

（四）活动描述

活动描述要让用户看得懂，决定要不要参与，怎么参与。如腾讯体育：福利在现场。采用游戏活动类型，看球间隙投几个球，能获奖就更好了。商业化和用户需求结合得很好，而且确实有趣（见图6-6）。

图 6-6　腾讯活动

（五）活动规则

活动规则要让开发人员看得懂，一部分内容是在前端展示的，另一部分内容要让开发人员知道活动如何实现。最关键的是让用户看得懂。

图6-7的这个活动规则，文案就有些拗口。可以改成：本周六、周日乘Uber累计3次，即得下周免费使用6次；乘Uber累计5次或更多，更可获得下周免费使用10次的机会！用户看后一目了然。文案中第一句和最后一句，可以不要，页面的大标题已经可以达到说明活动的目的。而且有"查看详情"的入口，不用写太多细节的规则，比如最高减免15元、到账日期、活动截止时间等，感兴趣的用户会点击阅读。

图6-7　Uber活动

（六）投放渠道

渠道存在海量的用户资源，并服务于开发者。最佳渠道可以精准定位用户，并建立忠诚关系。要对投放渠道的成本进行预算，还要有投放时间，根据成本与效益原则选择最佳投放渠道。

（七）风险控制

要有风险环节预案，一旦出现未知风险，有对应的措施进行解决。

（八）数据监控体系

数据监控体系包括投放渠道的监控、用户参与情况的监控、奖励发放的监控、转化率监控等等。这些数据监控指标可以让运营人员随时了解产品活动开展情况，帮助找到问题点，并及时加以修补。

（九）成本预估

预估开展一个活动的总成本和单人成本。成本高了，公司预算不一定有那么多，成本低廉，用户不一定买账。

（十）效果评估

有成本就有收益，付出成本，就要明白一个活动对产品指标的帮助在哪里，如何体现，要有一定的效果评估，这样公司才会认可你的活动。

（十一）常见问题解答（Frequently Asked Questions，FAQ）

可以另外准备一个文档，提供给客服或者相关人员，帮助解决用户在参与活动中产生的困惑。FAQ 要详细、标准。如果活动规模大，光FAQ 还不够的时候，你要提前准备客服的培训文件，并积极进行沟通。

四、活动类型选择

活动常见形式一般包括补贴、话题、有奖、游戏、投票五种。一般通过线上和线下开展活动。线上活动，也可以用"倒计时"的方式进行传播和推送，来营造一种稀缺性，吸引潜在用户快速加入。线下活动应该配合好线上的渠道，如直播平台、在线视频、社群等线上渠道。

（一）线上活动

线上活动就是以网络为载体，借助第三方软件，向目标受众传递某一领域专业信息的过程。活动可分为付费和免费两类，但一般情况下都以免费为主,特别是一些公众号举办的分享活动。有些是免费与付费相结合,部分免费分享,再深入就要付费。做付费活动的大多是专职做微课、培训班的企业或者公众号。常用的线上活动有三种。

1. 微信活动

常见的微信活动有:微信群抢红包、微信砍价、微信拼团、公众号留言点赞、大转盘抽奖、有奖问答、有奖调查、投票排名、趣味测试、微助力、一元购、微秒杀等。

2. 贴吧活动

常见的贴吧活动有:抢楼盖楼、投票、拍卖、晒照片、征集评比、签到、直播、贴吧公益等。

3. 微博活动

常见的微博活动有:粉丝投票、微博抢沙发、视频征集、广告语征集、文章征集、创意征集、话题发布等活动。

（二）线下活动

有很多产品需要线上线下协调推广,比如共享单车等。线下活动需要邀请符合产品属性的嘉宾,选择有意义的时间,确定主题,策划文案,选择交通便利的场地。

常用的线下活动有以下方式:现场扫码活动、产品体验活动、地推活动、公益活动、产品推介会、发布会、促销活动、赞助各类赛事论坛、系列主题活动、庆典活动、展览会、路演等。

（三）常见的活动方式

1. 抽奖类活动

满足一定条件的用户参与抽奖,抽奖的类型可以是礼盒、转盘、彩票开奖等,时效可以是即时的(立即开奖),可以是延时的(指定时间公布开奖结果),奖品可以是现金、实物或者虚拟物品(积分、游戏的道具、商户的优惠券等等)。抽奖方式要注意奖品爆率的设置,通常,奖品爆率的设置无非两种做法。

（1）公平爆率

公平爆率是指用户每次抽奖,抽到单个奖品的爆率都是相同的。比如,华为手机作为奖品只有 1 台,可是有 10000 个用户来抽奖,对于每个用户,每次做抽奖动作的时候,爆率都是万分之一,也就是说,无论用户抽多少次,花多少钱,获得奖品的概率都是一样的,这就是公平爆率。

（2）调整爆率

调整爆率是指用户抽奖时,抽到单个奖品的爆率并不相同,系统在后台设置规则,让符合某些特性的用户可以有更高的概率获得奖品。

公平爆率比调整爆率要简单,而某些活动,还是得通过一些手段,对某些用户进行倾斜,这就要求运营人员合理地设计抽奖规则。

2. 红包类活动

满足一定条件的用户可以获得红包,红包中有一定金额的抵扣代币或者现金,有些可以提现,有些不可以提现,红包可以限制使用场景。在不同的时间节点,匹配不同类型的活动。如逢年过节,红包上阵;平时做活动,礼盒、转盘就可以。

3. 收集类活动

用户通过行为去收集物品,收集后的物品可以组合或者单独进行兑换。比如,集齐七颗龙珠召唤神龙,就是收集类活动。

4. 返利类活动

用户满足一定的消费金额和笔数,可以获得返利(可以是现金,也可以是积分),返利获得的奖励可以限定使用场景。

5. 竞猜(彩)类活动

用户参与活动,进行竞猜(彩),赢取奖励,多见于世界杯等大型体育赛事。

五、活动成本预算

运营活动的成本就是达成目标所要花的钱,运营活动的预算是指公司期望通过运营活动达成目标所愿意付出的费用。如果预算足够,活动运营就比较好开展;如果预算有限,或者指标定高了需要更多的预算,这时候就需要精心策划,既要把成本控制在预算之内,又要达到活动效果。

常见的做法就是采用前文的抽奖形式、微博转发类活动,用一个或几个看起来昂贵的奖品加上部分看起来不怎么贵的奖品进行组合,利用人们的侥幸心理,用利益来进行诱惑。类似活动操作成本相对较低,用户参与度高。至于中奖概率用户一般不太关心。活动的设计难度也不高,且活动效果较好。

有的企业还会巧用借力和借势的活动运营方法。借力是借别人的力,借势是借环境的势。如果自己的活动预算不够,可以尝试与别的产品或者网站去做联合活动,共担成本。通常来说,先看能不能借势,再看能不能借力。可以借势的,用抽奖玩;可以借力的用合作分摊成本。如果势、力皆无,那么就要拿出数据说服老板,要么降低活动预期,要么增加活动预算。

六、活动方案预评估

在活动上线前,为保证活动顺利开展,要检验以下 10 个问题:

Q1:活动目标是什么?玩法设计是否针对活动目标的达成?

Q2:活动的时间及节奏是否合理?

Q3:活动主题是否足够吸引人?

Q4:活动的规则设计是否合理,用户参与门槛如何?

Q5:活动奖励是否能调动目标用户的参与积极性?

Q6:活动宣传内容是否吸引人,渠道是否还有遗漏?

Q7:活动成本的核算是否实现投资回报率(ROI)最优配比?

Q8:活动可能存在哪些风险?

Q9:活动监控数据指标是否完善?

Q10：活动分工安排是否合理，项目组成员是否全部确认安排的时间？

为了方便自检，上述问题汇总成打分表，见表6-1。每个模块得分为10分，满分为100分，单项得分低于6分的模块，均需要重新评估优化，得分高于70分的活动才可以进入落地执行的环节。

表6-1 活动方案自检方法

模块	内容	检查项	建议检查人	得分
1.目标	活动重点考核指标（如GMV、下单量、新用户）	活动设计是否有助于提升该指标	活动PM& 活动项目组成员	
2.时间	活动开始及结束时间（如预热期、正式期）	周期是否合理、节奏是否清晰、资源分配是否合理	活动PM& 活动项目组成员	
3.主题	环境、背景和切入点（如节日热点）	用户是否有点击和参与的欲望	用户研究组（目标用户5—10人）	
4.规则	规则设计、用户定位（如活动说明）	用户理解难度、参与难度、活动覆盖范围	用户研究组（目标用户5—10人）	
5.奖励	奖励设计、结算方式	奖励是否吸引人、获奖机制是否合理	用户研究组（目标用户5—10人）	
6.宣传	内容设计、渠道安排、宣传节奏	内容是否吸引、渠道覆盖面是否全面	活动PM& 活动项目组成员	
7.成本	奖品、人力、资源	是否ROI最优解	活动PM& 活动项目组成员	
8.风险	可能风险点	开发进度是否可控	活动PM& 活动项目组成员、法务	
9.数据	需要检测的指标	数据埋点是否有遗漏、数据监控是否合理有用	活动PM& 数据组成员	
10.分工	人员分工	是否每项工作责任到人、各项工作交付时间是否合理	活动PM& 活动项目组成员	

注：①GMV为成交总额。
②活动PM为活动项目主管。

尽管这份表格看起来是活动方案的预评估，但在活动策划的过程中就需要活动组织者将相关内容考虑在内，而上述的10个模块，可以概括为决策层、感知层、执行层三个纬度。

Q1目标、Q2时间属于企业决策层。目标一般是根据产品现阶段的目标进行拆分,需要领导决策层预先决定。时间不仅意味着活动开始与结束的日期,也意味着活动节奏的安排。

Q3主题、Q4规则、Q5奖励属于感知层,就是设计用户体验的过程。主题是用户体验的第一层感知,其首要目标是设定一个情境,让用户参与进来。规则是从用户体验层面来讲的,在不让用户点击"活动规则"按钮的情况下,用户看到活动页面,是否能明白这个活动是干什么的,如何参与,参与门槛高不高。奖励是用户参与意愿的决定性动力。

Q6宣传、Q7成本、Q8风险、Q9数据、Q10分工属于执行层,是对整个活动各个关键细节的检查,确保活动可以如期上线。宣传分为两个部分,一个是内容的设计,需多找一些人来体验视觉及文案效果;另一个则是宣传渠道的覆盖度,是否还能再有异业合作的机会,在不增加成本的情况下进行资源的置换。成本主要是依据原有经验预估ROI,确保已经是ROI的最优配比。数据分析需要数据组的同事一起评估,以便全面检测活动效果。风险不仅仅包括开发进度的延期可能导致活动上线遇到问题,还包括刷单及其他风险。分工的检查一方面是确保项目组成员认领自己负责的模块,并明确交付时间;另一方面,也是协同反推活动时间,看每项工作的时间预留是否充足。

一项大的产品运营活动,往往牵涉大量人力、金钱及时间的投入,也关乎产品的品牌形象,因此,活动方案的评审需要慎之又慎。

第二节　活动过程管控

一、提高活动效用的关键点

（一）趣味性强

活动就是让用户体验开心的感觉，让用户在"玩"的过程中达到运营的目的。所以活动的设计要游戏化，这样会更有趣。

（二）操作便捷

活动操作的步骤不能多，要少。在页面的设置上要简单、明了，不要让用户在非活动流程的页面里跳来跳去，用户会找不到来时的路，尤其是 App。那样，用户会很快放弃活动。

（三）规则易懂

活动策划时，让规则尽量简单，一眼就能看明白，知道"去做什么，就能得到什么"。规则的表述方式也要简洁。不要按一般要求写规则，核心规则放在页面上方的显著位置，用户只要知道了就能参与。具体规则和免责放在页面底部，用户不看也没关系。

（四）掌控活动的节奏

线上活动的爆点时间很短，大概一两天。但为了这短暂的爆发，前期预热和后期收尾要策划好。活动预热非常重要，制造一些噱头，吸引用户兴趣。增强活动的"余热"部分，活动总结写成图文并茂的干货分享给用户。对活动中发生的有趣的人或事进行记录，并及时地分享。

（五）用户体验性

在活动页面要把用户的收益放在明显的位置,及时按照活动规则公布活动的结果。这符合用户利己的心理,会让用户有更深层次的满足感。所以很多活动页面把奖品放到最前面,比如物质类的 iPhone、红包、礼盒,精神类的特权、等级、头衔,然后下方才是活动规则和操作区。确保用户反馈的通道顺畅,以获取足够的用户体验反馈。

（六）活动进度标识可视化

活动一般都有一连串的操作行为,如参与人数、活动进度、活动奖励进展等。每一个操作之后都要给用户一个反馈,告知用户操作情况,也是给用户的一种精神激励。活动页面可以在头部展现"已有多少人参与",并且数字不断刷新。

二、活动风险管控

（一）活动风险点

风险点大概有以下几类:

技术方面,上线时间延后或上线后出现漏洞。

推广方面,资源未按时到位。

用户方面,用户对活动主打卖点兴致不高。

外部环境,其他热点爆发,如雾霾、六小龄童、马航等。

法律方面,有违法行为,如消费者权益等。

作弊漏洞,被用户找到规则漏洞,刷单、灌水等。

（二）活动风险环节

一个活动从设计到上线至少会经过如图 6-8 所示的五个阶段,每一个阶段其实都涉及不同的人员,都存在不同的风险。从图6-8可以看到,很多风险和"沟通"有关,沟通的成本很高,运营人员、产品人员、开发人员、测试人员、客服人员、用户等在沟通过程中容易出现理解不同的风险。所以在活动策划中要提前准备多套风险应对方案。

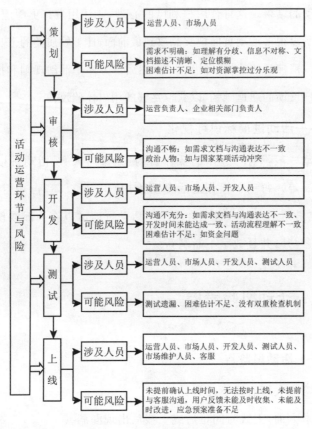

图 6-8　活动运营环节与风险

（三）活动风险预案

在活动策划环节,需要考虑策划的活动规则是否有漏洞,是否会影响用户体验,奖励设置是否合理,活动节奏如何把控,运营效果如何监测,关联指标的考量,等等。与开发人员、测试人员确认了开发需求和排期之后,需要着手整理 FAQ、事件模板,并在上线前完成与客服团队的沟通,确认客服人员知晓处理相应事件的话术与应对策略。做好应急预案,当极端事例发生或出现数据异常波动的时候,有什么办法可以及时地拉回健康状态。

三、活动数据监测

作为一个活动运营人员,活动数据的监测非常关键。监测活动数据重要的是读懂数据说明的问题,及时通过调整,改进活动数据,让活动更加有效果。活动数据一般包括活动打开率、浏览数、参与数、中奖数、分享数、订单数等,不同 App 数据的表达方式不一样。

(一) 核心数据

活动运营数据比其他类型的数据都重要,活动运营的核心数据需要运营人员把具体活动和工作结合,加入自己的思考,所以更为复杂。

案例:某电商网站开展户外产品折扣活动,希望带来日常销量 2 倍的销量增长。在这个活动中,以下数据较为关键:广告投放渠道的质量,用于判断目标用户的媒体触点,未来主要投放渠道的筛选凭证;单品销量的增长情况,用于判断目标用户对什么样的产品感兴趣;总体销量目标的完成情况,用于判断活动是否达到预期;各关键节点的转化率,如页面商品的点击率、进入页面的浏览率、放入购物车数量、从购物车到付费的成功率。

从上可以知道活动运营的核心数据包括:分渠道的广告展示统计(展示次数、点击次数、登录页蹦失率)、用户兴趣点分布(页面商品点击次数、单品浏览量、下单量、使用购物车的用户数和商品进入购物车的次数)、订单转化率(浏览—下单的转化率、购物车—下单的转化率)、支付成功率(成功完成支付的订单数、提交的订单数等)。

(二) 数据监测

如何进行活动数据监测呢?如图 6-9 所示,网易云音乐的送一首歌给十年后的自己,即采用了策划话题的活动形式,用户可以根据话题进行图文发布。

图 6-9　网易云音乐活动

考核 KPI：每个话题的发图数；每天的发图数；活动的发图数，即活动参与数。通过数据分析，可以看出哪一种话题受用户喜欢；通过用户属性分析，可以看出男性用户喜欢哪种话题，而女性用户又喜欢哪种话题等等。

案例：某个教育培训网站，发起了老用户邀请新用户加入，老用户和新用户都可以获得 100 元的代金券的活动。如果活动期间，新用户完成了一次教育培训，不论金额大小，作为邀请人的老用户还可以获得 100 元的代金券。

我们来分析一下关键节点和对应应加入的数据统计。

a. 监测活动投放渠道引入用户的转化率；

b. 监测用户分享渠道，以及各渠道的转化率；

c. 监测新用户的注册渠道及转化率；

d. 监测代金券使用情况。

我们从四个方面进行全面的数据统计，其中 a、b、c 可以采用实时监测的方式，知道活动相关的渠道效果，及时采用不同的应对策略来进行调整。d 则更多的是用来借鉴的指标。

第三节　活动效果分析

一、活动总结元素

（一）背景

活动总结要保证不了解项目情况的同事也能看懂，所以需要完整介绍活动背景。

比如作业帮是面向中小学生的学习软件，为中小学生提供学习辅导服务，可拍照、语音快速搜题，也可向学霸提问。在运行过程中遇到的问题是回答成本较高，尤其是高中数学、物理类问题的解决率相对较低，希望通过活动提高这类问题的解决率。

（二）目标

明确告知活动要达到的目标，预计到什么时间，数据提升多少。如作业帮高中数学问题的 1 小时解决率是 90％，物理是 91％，而初中数学是 98％。期望通过活动提升至 96％，与初中数学相近。活动时间是 9 月 1 日—9 月 20 日。

（三）效果

这里指的是最终效果是否达到预期，所以只写最核心的数据。不需要分析过程数据。如作业帮活动结束后，高中数学、物理解决率都提升至 96％，达到活动预期。

（四）详细分析

列出具体措施和数据，分析活动的每一步进展，得出结论。如作业帮为了提升高中数学的 1 小时解决率,策略是激励杠杆向高中数学答题老师倾斜,增加答题老师的积极性。具体策划如何实施激励机制是分析的重点。

（五）经验总结

总结活动的优缺点,分别列出。如作业帮优点是引入答题老师的方法优质且有效;缺点是对部分答题老师的低质回答准备不充分。

（六）后续计划

分析活动带来的启发,用于展望后续的工作。活动如果有效,后续是否复用做下去,或者活动中的部分模块有效,可以拿出来继续发挥作用,后期如何改进。如作业帮下一步将梳理完整的引入老师的流程,并通过产品落地。

二、活动效果判定原则

（一）成本控制原则

所谓成本控制原则就是在活动策划初期,预算总成本和人均成本的数值以及活动目标值,活动结束时,成本是否控制在预期成本以内。比如:本活动预计可以带来 1000 名注册用户,活动奖品总成本 10000 元人民币,完成转化率 70％以上。那么可知,总成本是 10000 元,一个新注册用户的成本平均是 10 元。如果你花了 9000 元,带来了 2000 名注册用户,完成转化率 80％,那么这个活动效果是超出预期的。如果你花了 6000 元,但只带来了 500 名注册用户,那么这个效果就需要检讨了。

成本控制原则的预期是将活动总成本控制在预算总成本以内,不超发,同时,单个指标的成本越低越好。

(二) KPI 达成原则

KPI 达成原则指的是活动结束时,是否达成了活动的 KPI。

继续分析前面的活动:本活动预计可以带来 1000 名注册用户,活动奖品总成本 10000 元人民币。结果,由于某些原因,成本没有控制住,超发了 10000 元,但是这个活动却因为超发的 10000 元多带来了 2000 名注册用户。平均下来,一个用户的成本由原先预计的 10 元变成了 7 元不到。

那么,这算不算是一个好的活动效果呢?其实,效果是好的,但是如果控制在成本内,就更加完美了。

因此,KPI 达成原则的预期是:用超出预期的效果来抵消成本控制不当的负面影响。

当然,每个公司的情况不同,财务管理的风格不同。每个公司需要因时、因地制宜的运营活动效果判定原则。

三、活动总结的格式与内容

活动总结没有固定格式,你可以使用 Word、PPT,甚至 Excel 或者脑图,来进行活动总结。

一般来说,活动总结的内容应当包含活动时间、活动内容、活动效果、经验教训。

对于前两点,需要对照一下活动策划案,对照有没有按时上线,活动的内容是否有变化,用户需求是否实现,用户有没有出现新需求等,都要如实地反馈出来。

对于后两点,考验活动者的能力。要写活动效果,要分析活动数据。清楚表明数据波动原因,内因还是外因?内因是企业内部调整导致的,外因是用户或季节性等因素。查明原因后要能够明确影响数据波动的原因的主次关系,总结经验教训,为后面的工作开展提供依据。

活动总结的关键与核心就是你对活动数据的展现和经验教训的总结。

思考题

1. 活动策划风险如何管控。

2. 结合实际数字产品策划一项完整的活动。

·第七章·

数字产品网络推广

本章引言

　　网络推广依托计算机设备和网络资源优势成为一种高效的宣传推广方式,对数字产品的市场占有、扩大起着至关重要的作用。企业借助互联网资源,利用各种渠道、各种活动进行宣传,有助于提高企业产品品牌知名度,树立企业良好形象。本章主要介绍网络推广的主要形式,各种不同类型的网站推广技巧和移动端推广。

本章重点和难点:

　　网络推广主要形式、网站推广技巧、ASO 优化

教学要求:

　　了解网络推广的内涵、网络推广的目标用户。掌握网络推广主要形式、三种不同类型网站推广技巧和移动端推广。

·本章微教学·

第一节　网络推广概述

一、网络推广内涵

网络推广(Web Promotion)就是企业或产品为了提高品牌知名度,借助互联网平台,通过各种渠道进行宣传推广的一切活动。网络推广有免费的,也有付费的。一些论坛、微信、微博等新媒体渠道多为免费网络推广。类似百度推广、付费广告、网址导航推广等一般多为收费推广。网络推广有狭义和广义之分。狭义的网络推广载体必须是互联网,是基于互联网采取的各种宣传推广活动。本文所指的为狭义的网络推广。广义的网络推广也可理解为网络营销。网络营销偏重于营销因素,不仅仅是让用户知道产品,更重要的是让客户实现购买行动,考核的通常是转换率或收益,关键的是产生的产品交易利润,网络营销成功的关键主要靠的是创意和策略。网络营销一般投入较大,需要团队的协作。而狭义的网络推广侧重推广,强调的是信息传递,使产品让更多的目标用户知道,考核的通常是具体的工作量,注重的是通过推广带来的网站流量、世界排名、访问量、注册量等等,网络推广成功的关键是执行力。可以说,网络营销中包含网络推广,网络推广是保证网络营销效果和成功的关键。

二、网络推广形式

(一) 软文推广

软文推广是指以文字的形式推广自己的产品。之所以叫软文，是因为相对硬性广告而言，属于文字广告，"软"要求我们不能生硬地把广告放进去，"软"好似绵里藏针，收而不露，克敌于无形。优点是操作方便，省钱，性价比高。软文只要发布一次，就可以长久地运用，很多地方发布软文都是免费的。缺点是软文质量要求较高，如果广告特性明显可能会被拒，还有可能被当成垃圾广告，引起用户反感，软文质量对推广效果有直接影响。

(二) 网址导航推广

网址导航有综合网址导航和垂直细分网址导航。综合网址导航，如 hao123、2345 网址导航，内容全，涉猎广，口碑好，可信度高。它们的服务对象是大多数网民。如果网址被收录，企业能够快速获得流量。但是综合性网址页面空间有限，流量成本获得相对较高。随着互联网发展，用户对个性化网址导航的需求越来越大，专业化的网址导航纷纷诞生，此类属于垂直化网址导航。垂直化网址导航收录一个或多个行业，为从事某一行业或身处某一地区的用户提供导航服务。近年，为贴近用户的多元化需求，各大综合网址导航站开始推出其分支的垂直化上网导航。如图 7-1，在 2345 网址导航教育频道中，用户可以快速查找各种相关的教育信息。个性化、垂直化、更加细分也是网址导航的未来发展方向。

(三) 问答类推广

选择一个好的平台对问答推广非常重要(见图 7-2)。如百度引擎，客流量大，每天搜索点击人数多，保证有人看到你的留言。此类推广中关键词的设定很重要。但关键词的选择要紧紧围绕推广主题

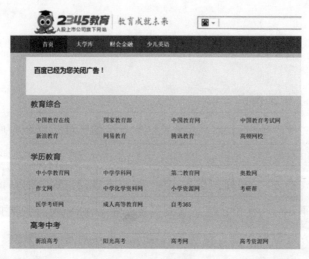

图 7-1　2345 网址导航

进行。问答类网站互动性强,信息传播快,属于口碑推广的手段之一。利用问答类网站,结合 SEO 的技巧,对用户关心的问题进行解答,不仅提的问题要有质量,回答的问题也要有质量,在问答同时不露声色地植入相关产品的信息,一般具有高权重、收录快、排名好等特点。在进行问答推广的时候要注册多个 ID,可以轮流使用,但要注意回答的问题内容不要太死板,否则容易被删掉。

图 7-2　问答平台实例

(四) 微信推广

随着移动互联网的快速发展,使用微信的人越来越多。微信能将信息精准推送,用户关注率高。可以有针对性地进行消息推送,也可以根据地域进行消息推送,可以在朋友圈里发布相关信息,可以经营订阅号。缺点是用户可以屏蔽相关信息,无法显示是否在线,不能保证时效性。另外,在微信群做相应推广,需要把握好度,不然容易使人反感。

(五) IM 推广

即时通信(Instant Messaging,IM)推广就是以各种 IM 工具为平台,通过文章、图片、视频等方式进行宣传推广活动。常见 IM 营销推广方法有 QQ、MSN、旺旺等。比如 QQ 推广,企业可以根据产品特性有针对性地加入群组,发布相关消息;或者按照地区、行业、兴趣等建立群组,针对性强。QQ 群推广,用户意向明确、互动性强,相比其他点击付费、网络广告等推广方式来说成本低、见效快。

另外,还可以利用搜索引擎、资源合作、电子邮件、信息发布、网络广告、博客等方式进行推广。

三、网络推广的目标用户

网络推广中最重要的一个环节是让用户知道产品,目标用户的寻找就更为重要。目标用户在生活中分为两种:一种是使用互联网产品的用户,另一种是不使用互联网产品的用户。不同的用户可能会通过不同的渠道来获取信息。

(一) 使用互联网的用户

截至 2017 年 12 月,我国网民规模达 7.72 亿。目前,这类用户集中在三类产品上:Web 端产品、移动端产品和客户端产品。在 Web 端产品上目标用户使用较多的是百度、腾讯、淘宝、新浪等。移动端产品上目标用户信息获取渠道有的是用户自动获取,有的是被经销商预先安装。目前,应用市场成为用户获取产品的主要源头。客户端产品与移动端产品类似,有系统自带安装,也有客户自应用市场下载。

（二）不使用互联网的用户

这些用户可以通过线下方式寻找，他们的注意力通常在电视、报纸、杂志、楼宇广告、户外广告等传统媒体上。

从线上到线下，根据产品的用户定位，选择与用户匹配度高的渠道去进行推广。数字产品主要是针对使用互联网的用户，大多选择线上渠道进行推广。

第二节　网站推广

一、门户网站推广

门户网站作为网民上网的常用入口，一直都是流量聚合的地方。随着自媒体的快速发展，纸媒、电视、门户网站都受到了一定冲击。门户网站每天流量上千万，社会热点事件都有媒体网站的跟踪报道，其用户价值潜力巨大。一直以来，门户网站的优势是新闻频道，流量也集中在新闻频道，所以门户网站的推广主要是围绕着新闻、文章而进行。

（一）基于用户匹配的网站推广

门户网站一般包括综合性和垂直性门户网站。综合性门户网站包括腾讯网、新浪网、搜狐网、网易网等，用户需求多样。垂直性门户网站专注于某个领域，如汽车门户网站包括汽车之家、万车网、网上车市等，财经门户网站包括东方财富、凤凰财经、中国经济网等，房地产门户网站包括搜房网、安居客、购房网等。垂直性门户网站用户定位专一，不追求大而全，只做自己熟悉的领域。在做产品推广的时候，要根据产品的用户需求选择相应的门户网站。

（二）基于新闻的网站推广

新闻是门户网站流量的一大来源。为了让新闻持续创造价值，要考虑以下方面：首先，分析门户网站获取新闻的渠道。如果是原创为主的网站，要分析首页的位置、热门话题、原创稿件与投稿的比例。如果是转载为主的门户网站，要分析转载源的内容、转载的媒体,分析媒体发文的成本、速度。

其次,分析门户网站的需求。产品运营推广人员要思考门户网站的需求是什么。如果运营推广人员能给网站和企业都带来利润,那是双赢的结果。事实上,一般运营推广人员预算有限,不能给网站带来很多的金钱。此时,就需要运营推广人员提供门户网站认为有价值的信息资源,如产品理念、创业故事等,给企业换取流量。

(三)基于评论的网站推广

现在很多用户非常关注新闻评论区,部分产品评论页的浏览量已经高于新闻等内容页的浏览量,评论区也成为产品推广的战场之一。利用评论进行推广首先要考虑用户态度。有的企业用机器批量跟帖,会让用户非常反感。人工跟帖,也要做到不露痕迹,要自然地把产品穿插进去,这样才能达到推广效果。其次如果有实力,可以安排专门人力去推广。当产品出现危机时,使用评论可以左右舆论,化解危机。例如当产品被恶意攻击时,可以在第一时间通过评论澄清误会,从而降低损失。

(四)基于论坛的网站推广

与新闻不同的是,在论坛上,人人都可以发声,表达观点。与新闻相似的是,在论坛中表达的观点一定要有趣有料,才能获得点击率,从而提升流量。

(五)基于视频的网站推广

通过视频进行推广,视频的内容、创意非常重要。同时视频要根据产品的关键词和产品信息收集资料,制作视频后上传到门户网站。比如美容产品,用户会在百度上搜索关键词,关键词定位清晰、准确,用户就容易搜索到,每一个搜索的用户,可能就是一个潜在的客户。

二、企业网站推广

（一）搜索引擎推广

搜索引擎是企业常用的推广方式之一，分免费推广和付费推广。搜索引擎优化对网站的排名至关重要。搜索引擎是网民获知新网站和信息的最主要途径，覆盖面广，目标精准，相对客户平均成本较低。国内比较有影响力的中文搜索引擎有：百度、新浪、搜狐等。国外有影响力的英文搜索引擎是 Google、Yahoo、Excite、AOL 等。其优点是见效快，关键词数量无限制，不分难易程度。缺点是竞争激烈，价格高昂，管理麻烦。不同的搜索引擎各自独立，想要在其他引擎出现排名，要重复花费推广费用，会出现恶意点击。

搜索引擎主要有全文搜索引擎、目录索引类搜索引擎和元搜索引擎三种模式。全文搜索引擎才是真正意义上的搜索引擎，如百度是通过提取网站的信息（以网页文字为主）而建立的数据库。目录索引是按目录分类的网站链接列表，其中具有代表性的是搜狐、新浪、网易搜索等。元搜索引擎是接受用户请求查询时，在多个引擎上进行搜索，再将结果返回给用户，代表性的有搜星搜索引擎。进行搜索引擎推广需要按照企业的实际情况和企业定位进行选择，否则可能带来资金和品牌上的影响。

企业从建网站到推广，要注意网站的优化。如果出现以下情形，就需要优化：网页中内容只有图片或者 Flash 等形式，动态网页太多，缺少文本信息；内容标题缺少有效的关键词；缺少被搜索引擎收录的网站提供的链接；网站垃圾信息过多，干扰了搜索引擎搜索；网站中原创内容太少，抄袭严重。

（二）添加网站链接

企业推广自己的网站可以到论坛、贴吧等网络社区里发帖添加网站链接;可以寻找跟自己网站内容相关的合作伙伴添加友情链接;还可以通过网址站进行链接。综合性网址站由于页面有限,加入费用高,可以寻找垂直型行业类的网址站加入进行推广。

(三)软文或视频推广

写软文最大的好处是如果内容好,有吸引力,写好后发布到各个论坛,很快就会被其他网站采集,达到免费、快速推广的目的。原创视频也是这样,目前是一种不错的推广方式。但是,一定要注意内容标题和质量,只有真正满足用户需求,才能达到推广目的。另外,搜索引擎可以主动收录原创作品。

(四)广告联盟

加入广告联盟,付费推广(见表 7-1)。利用广告联盟推广,需付出一定的成本,但效果很不错。可以通过联盟广告、超级平台广告、门户网展示广告、社会化广告、App 广告等进行推广。

表 7-1　联盟广告案例

联盟广告	百度网盟	展现免费点击收费	展示方式:固定、悬浮、贴片	根据网民地域、性别、兴趣,分析网民浏览、搜索、咨询、点击等网络行为,找到不同需求特征的网民精准投放	点击付费
	搜狗网盟	展现免费点击收费	你可以根据你自己的需要。选择广告大小,是显示图片广告还是文字广告	定向展示	点击付费
	360网盟	展现免费点击收费	以 CPM 弹窗类广告为主	精准定向目标用户:通过地域、兴趣等挖掘用户属性	最低开户要求
	谷歌网盟	展现免费点击收费	展示方式:固定、悬浮、贴片等形式	定向技术,通过对目标网民的自然属性(地域、性别)、长期兴趣爱好和短期期待行为(搜索和浏览行为)的数据分析,能够帮助企业所得锁定人群	点击付费

另外,可以进行标识推广。在出现企业标识的地方,如名片、车辆、赠品上同时出现网址。在企业进行宣传的图片上,打上企业的水印。

企业的宣传视频也可以打上水印上传到视频网站进行推广。

三、个人网站推广

由于互联网相关技术的发展,建设一个网站的门槛越来越低。普通的用户也可以轻松地制作网站。个人网站如何推广? 一般来说,常用的推广方法跟企业网站类似,包括搜索引擎推广、加入网址站、加入百度搜索联盟、加入文本链、QQ迷你门户推广、网摘推广、在QQ群里发消息、论坛帖子推广等方式。个人网站可以进行百度推广。根据百度推广的相关政策,一般个人和公司都可以开户,只是个人开户在百度前台搜索展现结果的尾部为小头像,公司开户展现为V标识,但网站排名不会有影响。个人网站做推广的时候要注意以下方面。

第一,内容要把握到位。个人网站要有实际内容,质比量更重要,只有好的内容才能产生价值。要做一些实实在在对用户有用的内容,比如某产品使用教程或者自己对某件事情的感悟等。如果是在大网站发布信息,外链质量好,好的内容容易产生二次转发,用户转化率会比较高。另外,要经常更新内容,吸引用户关注。

第二,网站形象要好,必须能"留客"。俗话说,"人靠衣装佛靠金装"。网站形象设计也很重要,一个网站页面能让客户瞬间找到认同感和信任感,那么转化率就容易提高。这里所谓的"留客"是指如果你发布了好的信息引来了访客,你的网站要能成功留住客户。这里的关键是你的网站要能给他们带来他们所需要的产品。如果你的内容符合了他们的需求,他们都会把你的网站告诉其他人。

第三,重视关键词与长尾词的排名。良好的关键词与长尾词排名是成交的基础。不仅仅是目标关键词,更包括长尾关键词排名,只有这样,才能在激烈的竞争中站稳。要重视关键词和长尾关键词排名的提升。

第三节　移动端推广

目前,手机客户端已成为登入移动互联网最便捷的方式,因此,利用手机端进行产品或网站的推广成为企业主要推广方式之一。

一、移动网站推广

根据国内三大运营商数据来看,中国的手机用户数已达 10 亿,超过 2/5 的移动用户每个月都会从手机终端访问网页。移动端的网站并不是 PC 网站的简单复制过来的移动版本。在中国,手机网站的优化主要是针对百度这个搜索引擎,除了少数的大站和权威站,大多数的中小网站都是依靠搜索引擎尤其是依赖百度而生存的。对手机网站进行优化,改善用户体验,可以从以下几方面出发。

(一)网站尽可能简洁,避免使用弹窗、Flash、Java 等

手机屏幕不论是在长度还是宽度上,都较 PC 要更窄更短。移动端的网络速度一般低于大部分 PC 的有线网络,如果移动端网页过大,加载时间长,会影响网民访问体验,很多用户上网时间多属零碎化时间,耐性较少。所以,站点的页面内容、布局、文字大小等都会与 PC 产生差异。在页面设计时,要考虑到用户打开网页的时长,移动网站设计应尽量把页面数和页面大小控制到最低,页面呈现消费者想要的内容即可。如果打开过慢,用户体验不佳,有些用户会直接放弃登入网站,所以建议不用炫丽的 Flash、JS 等。页面设计也要考虑减少百度索引抓取的时间,让百度蜘蛛尽可能多地爬行和收录页面。比如网络购物,购买流程、导购页面、购买步骤要简洁明了。假如购

买流程光注册就六七项,购买时还要再填四五项,消费者可能没注册完就弃单了,更不要说成为回头客。

(二)域名和 robots 设置

大部分手机版网站的域名是 PC 端网站的二级域名,与传统网站保持一致,用户信任度高。如果是专门的手机网站,域名要简短而且容易记住。

(三)使用规范化的协议

一般来说手机建站有 xhtml、html5、wml 三种协议,最好使用规范化、标准化的协议格式,做好浏览器兼容调试工作,避免给用户造成不必要的麻烦,最终影响用户使用。

(四)做好移动版与 PC 版网站的转换

各个页面上要有相应的导航或者提示链接,让用户在手机版和 PC 版进行自由切换。目前支持的跳转规则是 HTTP 定向和 JS 定向两类。HTTP 定向百度、Google 都认可,它是利用重定向的规则。但百度使用 301,即永久重定向;Google 使用 302,即临时重定向。Google 能读懂 JS 中的代码,但是如果用百度,就不能用 JS 定向。

(五)移动端 SEO 优化关键词的选择

用户在移动端更偏向于短语提示,所以移动网站布局关键词要择优布局核心关键词。另外,移动用户对本地化搜索情有独钟,如本地美食、公交、地图等一般都是基于自己的位置进行搜索,所以本地化搜索要优先。

(六)移动端的使用习惯

现在智能机基本都是触摸屏,页面元素如按钮、链接等大小要适中,适合手指点击,同时手机上也可以提供电话直拨、地理位置定位等,方便用户使用。比如高德地图,当你搜到某个酒店时,就会出现电话链接,方便用户联系。

（七）其他优化事项

其他一些优化要点与传统 PC 端网站优化类似。如网站采用扁平式树形结构，导航页清晰，内容页关键词合理，内链和外链安排合理，做好权重的转移。

二、移动端流量挖掘

在各种社交分享平台排名上，流量主要集中在大的社交网站和 App 应用上，微信、微博、QQ 分别位列前三，其中微信的分享回流率最高。App 获取用户的入口主要有以下这些方式。

（一）应用商店的推荐位和广告位

应用商店作为用户使用较多的一个平台，需要一个拥有相关资源的 App 渠道经理来专门获取流量。渠道经理需要了解产品属性、用户需要，要和各商店有良好的合作关系，需要有能获取最新的渠道信息的核心圈子，需要能争取到好的资源，这样的渠道经理对于产品及运营的帮助会很大。

（二）与其他 App 的换量互推

换量互推和 Web 上的互换链接类似，但交换链接考虑的是对方网站的网页级别（Page Rank，PR）值、曝光度，换量互推考虑的是用户的重合度以及产品对用户信任构建的程度。换量互推主要靠推广者自己的人际关系，并且需要自己的应用里能推荐其他的应用或站点，换量的比例一般是一比一。换量不一定要找单独的应用，有很多软件是专门推荐应用或者有软件推荐栏的，比如 360 手机卫士等。

换量首先需要考虑双方用户群是否吻合。譬如，旅游产品和游戏换量互推，可能效果就不太好，而不同品牌的旅游产品之间换量互推，效果就会比较好。其次要考虑双方产品的用户信任度。如果用户对产品本身不信任,互推效果往往不太好。最后还需要考虑对方换量放置的位置,如果放在不显眼处那效果可想而知。

(三) 积分墙

"积分墙"是在一个应用内展示各种积分任务,以供用户完成任务获得积分的页面。积分墙和换量互推相类似,但操作方法不同,积分墙可以无视用户是否吻合。当然,积分墙的积分获取规则要清楚,是安装还是激活获取积分,步骤的操作能否获取积分等。积分墙一般不免费,需要花费成本,所以必须谨慎对待。

(四) 品牌手机预装

品牌手机预装的好处是成本低廉、安装量大;坏处是用户可能抵触预装 App,可能不会激活,甚至删除应用。所以,品牌手机预装是一把双刃剑。另外,预装 App 的用户的升级动力并不大,因此,如果需要使用这样的渠道,运营和产品人员需要更多地关注产品本身的功能与逻辑,否则将达不到预设效果。

三、ASO

(一) 什么是 ASO

应用商店优化(App Store Optimization,ASO)是一个提升移动应用在各类 App 应用商店、市场排行榜排名的过程,类似网站优化。ASO 主要包含移动应用的标题、关键词、描述、评论、评分、下载数量、更新时间、版本介绍、截图等因素。通常我们说的 ASO 重点在于关键词搜索排名优化。

假设第一个位置的 App 下载 100 次,则第三个位置的下载量只有第一个位置下载量的 10% 不到(见图 7-3)。整体平均来看,精准词比例比较大,导致搜索排序对下载量衰减影响很大,特征词由于用户需求相对不明确,这种衰减会小很多。

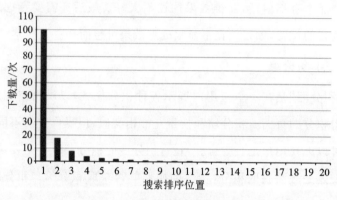

图 7 - 3　搜索排序对转化率的影响

(二) 主要影响因素

首先是应用名称。在 ASO 中,应用名称与副标题的设置非常重要,权重高。应用名称最好简洁,长度限制在 30 个字符以内,最好保持在 15 个字符左右或更少,过长的名字很可能被截断,且能显示出应用的用途。应用名称设置首先要罗列关键词,让用户对产品的核心功能一目了然,如滴滴出行——专车,快车,顺风车,出租车,代驾。其次要组合成句,可以理解为利用一句话来介绍产品,注意利用分词的技巧。

第二是应用的关键字。最常被搜索的包括品牌词、行业词、竞品词、热词。这些关键词要与产品的 App 及目标用户之间具有关联性,不相关的关键词很难达到有效的转化率。找到关键词,才能实现最佳优化效果。图 7 - 4,横轴表示具体的关键词序号,纵轴表示关键词搜索指数,搜索指数大于 7000 的关键词数量不到 1000 个。

第三是应用的描述。App 的描述对于应用的推广非常重要。App 描述页面不仅仅是描述,它更多是一个销售页面,应用的描述要简单明了、开门见山。如 Viber,一款网络通话软件,特色是用户无须打开该应用就可以直接拨打 VoIP 电话(见图 7 - 5)。应用的描述要引起用户的兴趣,让用户有读下去的欲望,可以用项目符号形式列举应用价值,让用户放心下载。

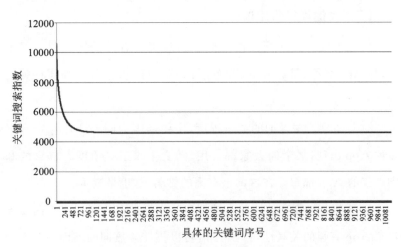

图 7-4 苹果关键词搜索指数统计规律——有效关键词分布图

图 7-5 Viber 描述实例

第四是应用的图标、截图及视频。要设计一个漂亮的图标,让用户对你有良好的第一印象。应用页里的截图及视频会影响应用排行榜,要考虑用户体验。

（三）关键词优化建议

1. 匹配度。高匹配度的词能够实现更加有效的转化。一般来说，与 App 名称、目标人群、业务层面、竞品词和竞品关键词有关的词匹配度高。

2. 竞争度。关键词的竞争程度，主要是因为同一产业肯定有很多款 App 出现，某个词大家都会用，随之带来了竞争度。自家的和别人家的 App 都想要在这词上有高的排名，这也是竞争。

3. 热度。热度高的词就是被搜索的次数最多的词。这个词要和自家 App 有强的关联性，自家 App 可以排在该热词的前面，用 ASO 指数分析词的热度。

ASO 是一项长期且艰巨的工作，所以在每一次尝试之后，要及时分析数据，及时调整优化策略。

思考题

1. 不同网络推广形式的优缺点。
2. 移动网站推广如何优化。

参考文献

[1] 张恒.运营制胜：从零系统学运营构建用户增长引擎[M].北京：电子工业出版社,2016.

[2] 张亮.从零开始做运营[M].北京：中信出版社,2016.

[3] 郝志中.用户力：需求驱动的产品、运营和商业模式[M].北京：机械工业出版社,2016.

[4] 张文霖,刘夏璐,狄松.谁说菜鸟不会数据分析[M].北京：电子工业出版社,2013.

[5] 刘克兴.基于自动谈判的数字产品动态定价机制研究[D].哈尔滨：哈尔滨工业大学,2008.

[6] 俞明南,鲍琳琳.数字产品的经济特征分析[J].情报杂志,2008,7.

[7] 袁红,陈伟哲.数字产品成本结构的特殊性及其应用[J].情报杂志,2007,10.

[8] 周文君.在线数字产品的组合营销策略[D].武汉：华中师范大学,2013.

[9] 尚新丽,马云飞.数字产品供求影响因素分析[J].图书馆学研究,2014,10.